Keep things simple.

The consultant's thought technique.

大事なことはシンプルに考える

コンサルの思考技術

Satoshi Hayashima 早嶋聡史

SOGO HOREI PUBLISHING CO., LTD

本著は２０１２年10月に出版した『頭のモヤモヤをスッキリさせる思考術』（以下『思考術』）をベースに、修正とアップデートを行い新たに書き上げました。『思考術』は、私が30代半ばの当時、それまで考えていた思考に関する内容を整理した著書でした。それから10年余りが経過した今、これまでの自らの経験を振り返ってみると、『思考術』に記した内容のほぼ全てを実践していることに気がつきました。本著は『思考術』の進化版として、より成熟した考えを書いています。

『思考術』の執筆当時は一定の仮説や思い込みもありましたが、本著では10年の間で得た新たな視点、新たに経験し思考した概念も追加しています。しかしながら全体としての「常に学習する」こと、「考えを整理する」こと、「行動する」ことの基本は変わりません。

はじめに

同世代の皆さんへ

本著は、私と同世代である、現在企業にて中堅社員として仕事をリードしている40歳前後の方に特に読んでもらいたいと思っています。

この世代は、バブルがはじけて失われた20年の間に入社し、厳しい就職活動にも耐えた素晴らしいポテンシャルを持つ方が多くいらっしゃいます。

気がつけば、社内ではそれなりの役割があり、部下や後輩もいて、ある程度満足できる安定した地位と家庭を持つ年齢になっているかもしれません。

それでも、「**自分はこのままでいいのか**」と漠然とした不安に駆られ、それが3年、5年、10年と続き、その問いに対して明確な答えがあるわけでもなく、忙しい毎日の中でいつしかそのような疑問を持っていたことすらも忘れてしまいます。

そして、後輩が仕事の成果を出したときや、同期の出世報告を受けたとき、あるいは自分よりも若い世代が活躍している姿を見たときなど、そうした瞬間がトリガーとなり、再び同じ不安に駆られてしまう。その繰り返しではないでしょうか。

私が働きはじめた当時の経済は成長後期から成熟期に達しつつも、つかの間のＩＴバブルに企業は浮かれていました。しかし多くの企業は計画よりも伸びることはなかったため、今でも入社した当時のままのビジネスモデルで業績の主力部分を維持している会社が多いのではないでしょうか。

当時を振り返ってみると、大企業であるほど安定的な基盤がありました。しかし入社して5年、10年が過ぎてもその基盤の上で仕事を続けていたため、世の中の変化に気がつくことができなかったのです。しかし、今になって改めて会社の業績や業界の変化を整理してみると、実にすさまじいスピードで変化してしていることに気がつきます。

会社員として真面目に仕事をするということは、自分に与えられた役割を忠実に遂行することでもあります。すなわち、**組織のごくわずかな範囲だけで物事を捉えていれば良い**ということになります。本人が特別に意識しない限り、大局的に捉え組織全体の中での自分の役割という認識を持つことはありません。そのため世の中の変化を受けて柔軟に自分をブラッシュアップする機会も少なかったのではないでしょうか。

同世代が抱える悩みはこうして生まれる

同世代の皆さんが入社した時期は、決して就職活動に有利な時期とはいえませんでした。バブル崩壊やＩＴバブルの爪痕など、就職活動をする当事者としてもつらかったはずです。それでも会社に入社できたということは、世の中からすると相当なポテンシャルを持っていることの証明でもあります。

入社から現在に至るまでに抱える悩みは、次のようにして生まれるのではないでしょうか。

●入社当初

入社した1年目は、仕事をしているというよりも学生の延長という感覚が残っているため、研修そのものが仕事であり、毎日をままごと感覚で過ごしてしまいます。それでも、仕事以外でたまに会う大学の同期には背伸びして自分の夢や今取り組んでいる仕事に対しての楽しさを誇張して表現します。

入社して１、２年は希望する仕事にも配属が望めず、自分の実力が圧倒的に低いことを受け

入れます。世の中で社会人として活躍できるのかという不安が募っていきます。

●入社3年目～

ひとつのことを1年、2年と繰り返すうちに慣れてきて、徐々に視野が開けます。3年目にもなればチームや課の仕事内容が把握でき、上司や会社から簡単な仕事を任されるようになります。新入社員のときの緊張感はなくなり、社会人生活にも慣れてくる時期です。プライベートも充実し、同期や友人の結婚ラッシュがスタートします。

●入社5年目～

入社して5年から7年のタイミングで、2回目の結婚ラッシュが到来します。同期には子どもがいる仲間も増えてきて、仕事においては小さなプロジェクトのリーダーとなります。会社のことも入社した当時よりも分かるようになり、部や事業部のことも見えてきます。中には同期で転職する仲間も現れはじめ、また中途で入ってきた同世代と会話する機会も増えていきます。社会にはいろいろな人がいて、さまざまな選択肢の生き方ができることを知りながら、自分の人生を考えはじめるきっかけとなります。

1つの組織で5年から7年ほど経過したあたりで、同期とは大きな差がつきはじめます。視野が広く、先を考えている人は常に2つくらい上の職位になったつもりで仕事をします。会社のことを広く捉え、情報を積極的に取り入れ、社内外の人脈をうまく構築していきます。しかし、そんな発想の人材はごくわずかで、**長い社会人人生であまり考えても仕方がないのではないかと、自分から考えることを止め、上からの役割をただ受け入れこなすことで自分の不安を相殺することを覚えていきます。**

●入社10年目～

本当は色々なことにチャレンジして、もっと違う自分を目指してみたいと思っていますが、なかなか本音を人に言うことができません。そして10年も経てば、そんな考えが頭の中にあったことすらも忘れてしまいます。

伝統的な会社に勤めた方々は、入社してしばらくすると、これまで続いてきた福利厚生プログラムやいい意味での日本的な企業のインセンティブが削られはじめます。景気が回復せず、会社の成長が鈍化に転じたことで構造的に会社の仕組みにメスを入れる企業が増えたのです。それでも**自分ではどうすることもできず、制度や仕組みを受け入れるしかない**ことにはじめて直面することになります。だからといって、**生活が急に苦しくなるわけでもないので、ただ受け入れる**という姿勢が始まるのです。

恐らく入社から今に至るまで、このような流れのなかで働いてきた人もいらっしゃるのではないでしょうか。

この姿勢を打破するためのヒントとして、「常に学習する」こと、「考えを整理する」こと、「行動する」ことの意味を本著で記していきます。

ほとんどの中堅社員が自ら思考していない

私は、２００６年11月に会社を辞めて以来、大企業の選抜社員や中堅企業の経営者のマインドを強化する研修や、事業会社の戦略を整理して実行支援をする仕事を行っています。仕事をはじめた当初は、クライアントは皆優秀な能力を持ち、どんな社員も到底太刀打ちできない相手だと思っていました。しかし、この商売をはじめたからにはこんな弱気な考えがバレたらまずいと思い、ブラフをかまして仕事をしていました。

しかし、いざ世の中のことや経営のこと、そしてクライアントや自身の人生設計のことなどを多方面に議論するうちに、**ほとんどの中堅社員が自ら思考せずに、ただただ上司や会社から言われることをこなすだけの日々を送っている**と感じるようになりました。しかも**行動している社員はまだ良いとして、実際にはその行動も中途半端なままの社員があまりにも多い**ことを知りました。

会社から与えられた仕事をこなすことは、給与をもらっている以上、最低限行うべきことでしょう。しかし、実際は**社員の大半が「浅い思考」がゆえに会社や上司が言っていることを理解しないままに、思いつきで仕事をしている**のです。

研修やコンサルの事業を行うたびに、大企業の中堅社員の発言内容とは裏腹に、実際のマインド、そして脳が有り得ないくらい、本人のポテンシャルと比較してなまりきっていると感じたのです。

大企業のキャッシュカウ（金のなる木）に相当する事業部で成績を上げた社員ほど、今の世の中、役に立たないと思います。１９８０年代から９０年代に先輩方が築き上げたビジネスモデルの上で飯を食い、その土台での成長をあたかも自分が構築した、今の収益を上げてきているると勘違いしているためです。

そのビジネスモデルが今後も続く可能性は高くなく、突然終わりを迎える要素をいくつもはらんでいます。しかし、当の本人はそのこと自体に気がついていません。あるいは気がついているのですが、ゆでガエルのごとく、自ら動こうとしません。5年、10年の思考停止状態が続き、それが生活として当たり前になり、その状態が染み付き、今さら自分が泥水をすするような努力をすることが想像できないのです。

この本をきっかけに、再び自分の中に変化を起こし、自身のマインドに火をつけてください。そして、そのマインドを奮い立たせ、自分から思考して行動するという習慣をその日から始めることを期待します。

もくじ

第3章 考える力

第4章 方向性

第5章 マインドセット

第6章 計画

第7章 継続

第8章 気持ちの切り替え

第9章 全ては自分ごとである

第10章 好奇心

第 1 章 思考整理

「どっちへ行きたいか分からなければ、どっちの道へ行ったって大した違いはないさ。」

（ルイス・キャロル）

多くの人が陥りがちな「なんとなく悩んでしまう」理由とその対処法について整理しました。「なんとなく悩んでしまう」、その原因は先が見えないこと、先を考えないことです。「自分がどうしたいか」について向き合わなければ、その悩みは解消されません。

- 何となくでも先のことを考えはじめる
- できないことを整理してできる方法に変換する
- 遠くから近くの行動を考える
- 脳の認識を確認して変えてみる
- 概念化能力を強化する

思考整理の第一歩は「将来のビジョンを持つこと」

今から5年後のあなたは、何をしていますか？

「何を突然」と思ったでしょうか？

自分の悩みを解消するために一番簡単でありながら一番重要なことは、将来のビジョンを持つことです。ゴールのイメージがないと、今自分が何をしたらいいのかわからず、何をしても不安になってしまいます。将来像がはっきりしていれば、現状とのギャップを見つけ出して、そのギャップを埋める方法を考えることができます。そして、そのギャップを埋めていくことで、ゴールに近づくのです。目的に向けて行動することで、自然と思考が整理されていきます。

将来のことを考えてはいても、多くの人はそれほど深く考えていなかったり、あるいはイメージが漠然としているため、掘り下げが足りなかったりします。そのような状態のため、考えては忘れ、考えては忘れの繰り返しになっているのではないでしょうか。

図1　ビジョンとギャップ

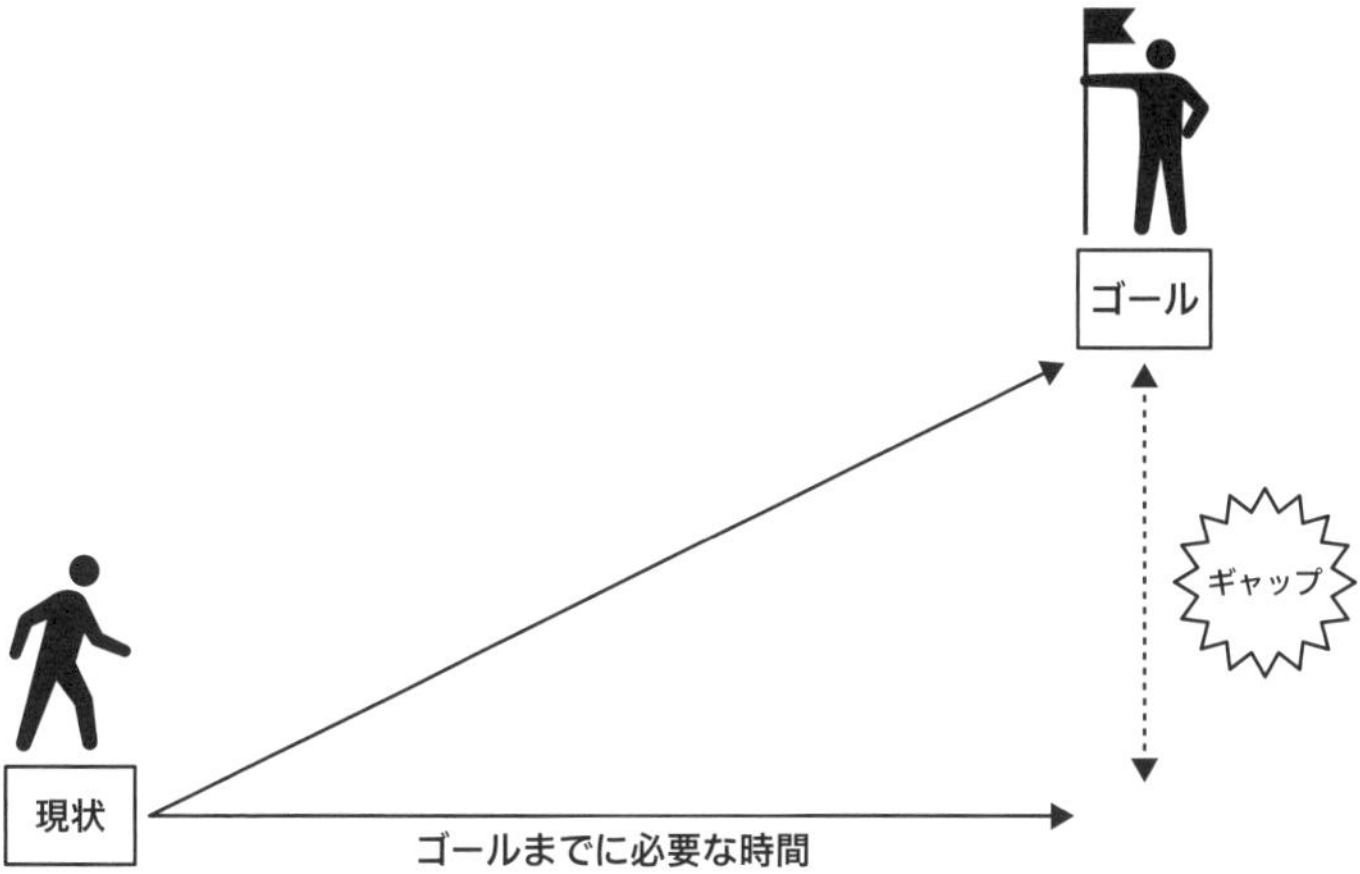

自分の将来像を具体的にイメージするためには、考えたことも少しずつ紙に書いたりパソコンに記録したりしておきましょう。

すると再び同じ悩みに直面したとき、毎回ゼロからのスタートになるのではなく、前回の続きから考えることができます。そのように考えを巡らせるうちに、「自分が何をしたいのか？」「そのために何をすべきか？」が整理されていきます。

多くの人は、将来と現状のギャップを見て、「これはできない」「今の自分じゃ無理」「今はまだそのときじゃない」と早々と諦めてしまいます。しかし、理想とのギャップはあって当たり前です。将来と現状にギャップがない人なんていません。自分の現状と理想に驚いてしまうのは仕方ありませんが、大切なのはそのギャップを整理して、「どうしたら現状と理想のギャップを埋められるか考える」ことです。

制約条件を実現条件に変えていく

自分が掲げた目標を達成するための道のりは、1つだけに絞らずあらゆる可能性を考えましょう。**まるで思いつきのように、頭に浮かんできた1つのことだけを実行してしまうこともあるかもしれませんが、それではダメです。**ゆっくり時間をかけて考えなければいけません。

時間をかけて考えるためには、普段の自分の視点をあえて変えてみる必要があります。

例えば、

- 考えの枠組みをぶっ壊して広い範囲で考えてみる
- 逆に従来の枠組みをもっと狭くして考えてみる
- 他人に話してさまざまなアイデアをぶつけてみる

など。**選択肢をたくさん持つためには、普段自分がやらないようなことを積極的に取り入れることが大切です。**

選択肢がいくつか出てきたら、今度はそれらを整理する段階に移ります。

自分の気持ちを確かめるために、「今自分が悩んでいることは、本当に実現したいのか?」と自分に問いかけます。実現したいという気持ちが強ければ、「何としてでも成し遂げる!」という想いのもと、今度は自分が掲げた目標を実現するための条件を整理します。

多くの場合、「これはできない!」という制約条件ばかり網羅してしまうかもしれません。しかし、できないことをいくら嘆いても仕方がありません。そのときは、「その制約条件をどうやってクリアするのか?」という「実現条件」に変えていくことがポイントです。

例えば、「時間がないからできない」ではなく、「その時間を作るとしたらどうすればよいか?」と思考を変えていくのです。

実現条件で整理する視点は、いわゆる4つの経営資源に当てはめて考えると良いでしょう。

❶ヒト

❷モノ
❸カネ
❹時間

これら4つの視点において、「何をするのか？」「何をしないのか？」を明らかにしていきます。考えた選択肢を全て実行しようとすると結局どれも中途半端になってしまい、本来実現できたはずのことでも力及ばず終わってしまいます。だからこそ、初めからしないことを決めていくのです。

これができたら早速実行に移します。何度も計画を繰り返すものの、行動に移さない人を良く見かけます。どんなに素晴らしい計画でも実行されなければ意味がありません。それよりは、少しくらい出来が悪くても構わないので、計画を実行しながらブラッシュアップしていくつもりで、まずは気軽にはじめたほうがはるかに得るモノが大きくなるでしょう。

はじめから大きな一歩を踏み出そうとせずに、小さく踏み出すことがポイントです。そして、その小さな一歩が最終的には将来につながることを信じて、諦めないで続けることです。

成功しても、失敗しても、自分の信じる将来には必ずつながっていきます。これは、実際に考えたことを行動に移さなければ得ることができません。逆を言えば、**一度考えたことはどんなに小さくても実行し続ければ、自分の将来につながっていくのです。**

老後の不安は誰もが抱える悩み

将来のことを考えるというテーマのワークショップの中で、参加者の方々に共通している悩みがあります。それは「老後の不安」です。対象者はさまざまで、学生から社会人、経営者から起業を目指す方まで、誰でも将来に対して、何らかの不安を抱いています。

しかし、実際にどのような不安があるのかを質問していくと、かなり漠然としています。

「老後の不安とは何ですか？」
「どのような老後を考えていますか？」
「そのためには何が必要ですか？」

これら全ての質問に対して、参加者からは

「えっ？　考えていないな……」

という答えが返ってきます。

そう、**あまり考えていないから不安が募っているのです**。先が見えないから、先が分からないから、先を考えていないから。

日本人は貯蓄が好きな国民として知られています。その理由は「老後の生活資金」や「病気や災害への備え」です。しかし「老後の生活資金」を「いくら貯蓄すればよいか？」とか、「病気や災害への備え」は「具体的にどのようなことか？」などと聞いても、あやふやな答えしか返ってきません。その結果、貯蓄したお金はお墓まで持っていくのです。

日本と海外の高齢者の金融資産推移を比較すると面白いことがわかります。海外では、高齢者になるほど金融資産が目減りします。つまり、生きている間にお金を使うのです。

一方、日本の高齢者のお金の使い道は、大きく次の3つにわけられます。

❶無駄にお金を使う「浪費」

❷生活する上で必要な「消費」
❸将来のためにお金を蓄える「貯蓄」

結果的に平均的な日本人は「貯蓄」を選択して、高齢になるとともに資産を増やします。70代や80代の人に貯蓄の理由を聞くと、「老後に備えるため」と言って、いつまでも貯蓄をやめないのです。

老後への不安は確かにあるでしょう。しかし、年金も生命保険もあるのです。それなのにせっせと貯金する。そして貯金の目的を問うと「いざというときのため」。「それはいつですか？」を問うと、自分が寝たきりになったとき、介護が必要になったときのことを話します。

確かに歳を重ねると、どうにもならなくなる場合もあるでしょう。最近の統計を見ると、男女の約８割の人たちが70代半ばから徐々に衰えはじめ、何らかのサポートが必要になります。しかし、この約８割の人は、要介護や認知症などのイメージではありません。何らかの病気や身体の不具合はありますが、多少の助けや自らの生活上の工夫を伴うことで、普通に日常生活を続けることができるのです。

老後。

当たり前のように身近にある言葉ですが、重要な概念です。**自分がどうしたいのかを含めて人生設計をしてみると、時間やお金の使い方に幅が出てきます**。そして、「自分がどうしたいのか？」を具体化する過程で、若いうちから取り組むべきことが見えてきます。

このような考えを持つことで、自分がイメージする人生に近づく確率が高くなります。**老後の心配にまわすお金が具体的に分かると、今、そのお金を自分に投資することができます**。そう、堂々とお金と時間を今の自分に投資する余裕が出てくるのです。

先日、日本人の平均寿命が更新されたと報道がありました。男性が81歳、女性が87歳です。この統計値は、生まれてからすぐになくなる方の総数なども含まれているので、今30代や40代の人は、この平均寿命よりもさらに長く生きることになるでしょう。

たとえば、今あなたが40代だったら、男性は81歳よりも長く生きられる可能性があり、まだ40年以上の人生が残っています。女性だったら87歳より長く生きる可能性があり、まだ50年くらいの余命があります。60歳で会社を引退したとしても、まだまだたっぷり時間があるのです。

もし、退職するその時まで退職後のことを考えていなければどうなると思いますか？

「退職してから考える」「時間があるからゆっくり考える」では、実際に自分が何をしたいのかも分からずに、惰性で生きていくことになるかもしれません。実際、金融機関やメーカーなどではセカンドキャリアを考える教育が盛んに行われています。私も何度かワークショップのファシリテーションをさせていただいたことがありますが、**半数以上の参加者は50代になっても、60代以降の自分の生き方を具体的にイメージすることができないでいました。**

もちろん、否定はしません。ただ、せっかくの自分の人生です。自分でコントロールして生きていく方法もあることを知っておくことは、自身の生き方をワクワクさせることにつながるかもしれません。

バックキャスティングでうまくいく

ノット・テン（10と言った人が負け）というゲームが小さい頃に流行りました。1から10までの数字を交互に言っていくゲームで、1回につき最大3つの連続する数字まで言うことができ、最後に「10」を言った人が負けというルールです。たとえば、次のようにAさんとBさんがゲームをしていたら、Bさんの負けとなります。

Aさん：「1」
Bさん：「2、3」
Aさん：「4、5」
Bさん：「6」
Aさん：「7、8、9」
Bさん：「10！　負けた！」

実は、この手のゲームには必勝法があります。
このゲームの場合、相手に「10」を言わせることがゴールになります。そのために、自分は「9」と言えばいいのです。自分が確実に「9」と言うための選択肢は、「7、8、9」「8、9」「9」の3つです。つまり相手に「6」と言わせれば、自分が「9」を言えるため確実に勝つことができます。

さらに考えていくと、相手に「6」を言わせるためには、自分が「5」でストップできるように言えばいい。先ほどと同じように「5」と言うための選択肢は、「3、4、5」「4、5」「5」の3つです。つまり相手に「2」と言わせれば、確実に勝てるのです。必勝法は、先手を取って「1」を言うことです。そして、相手が「2」を言った瞬間に勝利が確定します。

このように、**自分のゴールを思い描いたうえで、そこから逆算していま何をすべきかを考える思考法のことをバックキャスティングといいます**。現在から未来を探索する思考法をフォアキャスティングといいますが、こちらと比べて、バックキャスティングは劇的な変化が求められる課題に対して特に有効な手法です。

ほとんどの場合、人はそこまで先読みしません。しかしゲームの終盤になれば、自分が負けそうになることに気がつきます。**終わりが近づけば、なんとなく結末が見えてくるのです。これは人生にも当てはまります**。自分のことや将来のことを考えていない人が実に多い。じっくり考えれば誰でもできることなのに、その瞬間がくるまで考えないのです。しかし考えないから、先が見えない。これが不安になる原因なのです。そのため不安を解消したければ、まずは自分の頭で将来の具体的な自分をイメージすることを優先しましょう。

個人でも組織でも不安の原因はたった1つ

個人でも組織でも、不安の原因はたった1つです。それは、**将来のことを考えてイメージしていないこと**です。私の仕事の多くは経営者との対話です。対話をして経営者が考えている将来像を明らかにします。そして、経営者が持つイメージを引き出して言葉にします。言葉にできたら、今度はそれを実現するために「すること」と「しないこと」を整理するのです。このステップを踏むことで、「漠然とした不安」を「解決すべき課題」にすることができます。

あるクライアントから戦略コンサルの依頼がありました。その時のクライアントの表面上の問題点は、「成長戦略の1つとして、ある商材の販路拡大を考えたい」でした。

本質をあぶり出すために、私から質問を投げながら何が問題かを整理していきます。「なぜ、そのビジネスを始めたのか？」「直近5年くらいで今の事業をどうしたいのか？」「その後の事業のイメージはあるか？」

ざっくばらんと話をしながらブレストしていくうちに、問題がみえてきました。事業は順調で特にテコ入れをする必要はありませんでした。しかし「将来への不安から何かしなければならない」と焦っていたのです。

焦りから思いつきで「成長戦略」というキーワードが頭に浮かび、行動しなければならない思いが先行したのです。じっくり対話をしながら話を整理していくうちに、５年前後で今の事業を息子さんに承継したいという思いも強いことが明らかになりました。

自分が父親から事業を受け継いだときのように、息子に苦労はさせたくない。そこで「自分の手腕が及ぶうちに、今よりも規模を大きくして安定させておこう」と考えたのでした。ただその思いばかりが先行し、息子さんと今の事業の話や将来のことを全く話されていなかったのです。

私は社長と息子さんと何度かミーティングをしました。将来のこと、事業のこと、息子さんに社長になって事業を引き継いでほしいこと。そして息子さん自身がどう考えているのかなどを話し合いました。

結局、販路拡大という当初の悩みは表面的なもので、実際の本質は面と向かって社長が息子さんに話をしていないことが原因でした。

『不思議の国のアリス』の一節、アリスと木の上にいるチェシャ猫の会話です。

アリス：すみませんが、私はどちらに行ったらよいか教えていただけませんか。
チェシャ猫：そりゃ、おまえがどこへ行きたいと思っているかによるね。
アリス：どこだってかまわないんですけど。
チェシャ猫：それなら、どっちに行ってもいいさ。
アリス：どこかに着きさえすれば……
チェシャ猫：そりゃ、きっと着くさ。着くまで歩けばの話だけど。

本人の意思が不明確ならば、周囲は何もアドバイスすることができません。
悩みを解消するための近道は、「どうするか？」を明らかにすることにあります。

人生は自分で切り開くもの

「そんなことを言ったって、できないものはできないよ」って、そんな声が聞こえてくるようです。そんな方に、『アラビアのロレンス』の主人公が、砂漠ではぐれた仲間を助けに行くシーンを紹介します。次のような展開がありました。別の仲間から忠告を受けるのです。

「It is written」（彼が砂漠で死ぬことは運命だ）

つまり、はぐれた仲間の命は元々砂漠で尽きる運命だったというのです。だから何をしても無駄、今から助けに行っても意味がないと。しかし主人公は、その忠告を無視して仲間を助けに行き、無事帰ってきます。その時の彼の一言は印象的です。

「Nothing is written」（何も書かれてはいない）

そう、人生に預言書など存在しないのです。人生は自分で切り開くものであると。

運命は決まっていると考えると、行動を起こすことに意味を感じなくなるでしょう。一方、運命は自ら切り開くと考えると、行動を起こすに決まっています。後者の人生は困難が山のように降りかかってくるでしょうが、前者よりもよほど充実した人生を送ることができるでしょう。

ドラッカーは『イノベーションと企業家精神』の中で次のように言っています。コップに「半分入っている」と「半分空である」とは、量的には同じである。だが、意味はまったく違う。とるべき行動も違う。世の中の認識が「半分入っている」から「半分空である」に変わるとき、イノベーションの機会が生まれる。

物事の状況や認識は我々の脳が生み出します。It is written. と考えるか。Nothing is written. と考えるか。半分しかと考えるか。半分もと考えるか。認識の変化に工夫を加えることで、自分が見ている世界が変わるのです。

会社では自分のグレードによって意識を変える

社員を上級、中堅、新人と３つのカテゴリーに分類したとき、それぞれ求められる能力や役割は異なります。

新人社員は入社数年の社員です。**彼ら彼女らの採用コストを考えれば、この層は会社が採用活動として投資した分以上の収益をまだ会社に提供することはなく、投資回収ができていないグレードです。**

そのため、新入社員の役割はおのずと明確になります。いち早く会社に収益をあげるべく上司から言われた仕事を徹底的にこなすことです。指示に対して任務を全うする必要最低限の専門的な知識や能力が求められます。これは営業であれば営業のイロハ、経理であれば簿記の知識、技術であれば専門の基礎的な技術という感じです。

中堅社員層は会社にとってボリュームゾーンです。中堅社員の前半は一通りの仕事ができるようになり、徐々に自分の仕事を他に振りながら組織全体の仕事を作る側になるグレードです。

図2　概念化する能力

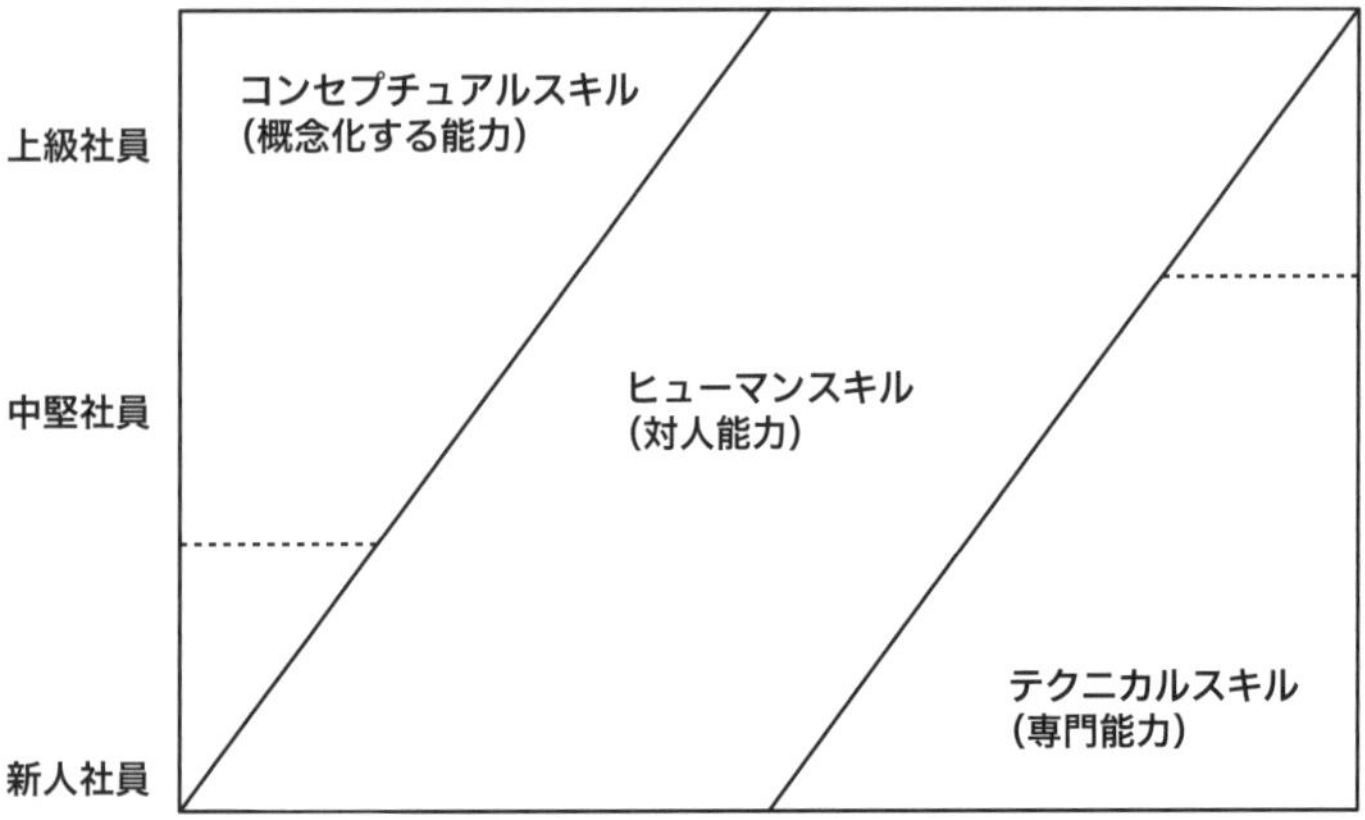

（参照：ハーバード大学　ロバート・カッツ教授）

そして中堅社員の後半は、組織が向かう方向性を理解しながらそれを実現するための仕事を自ら創りだし、部下やチームで達成するため積極的にチームをリードすることが求められます。

中堅社員は専門的な能力が前提としてあり、さらに別の能力も必要です。その能力は**概念化能力**です。**自ら目的を考えて、その目的を達成するために理想の姿と現実のギャップを明確にして問題を定義する力です**。そして問題を解決するための糸口を整理し、解決するためのアイデアを考えるのです。

上級社員、いわゆる経営層は、常に会社のありたい姿を示し、将来の仕事を作ることに専念します。**役職が高くなると、専門的な知識や能**

力の割合は小さくなり、概念化能力の割合が増えてきます。

階層に関係なく共通して必要な能力は対人能力です。役割の高低に関係なく、２人以上の組織で仕事をする場合、当然身につけたい力です。これは相手を慮り、自分勝手な行動をしない、常に相手を敬っておごり高ぶらないという基本的なスタンスです。**「あいつはできるが嫌な奴だ」的な人間は組織や社会ではなじみません**。そのため、対人能力は常にブラッシュアップしていく必要があります。仕事は組織で行うべきものであり、相手があってなんぼの世界です。いかに概念化能力が優れていても、対人能力のブラッシュアップは別途鍛錬が必要なのです。

ここまで読んで、概念化能力の必要性は理解できたと思います。一方で、どのように身につけたらいいのか疑問に思い、難しさを感じた方もいるかもしれません。これは中堅社員に限らず多くの層が難しいと感じてしまうものです。

特に新入社員のときに身についてしまったクセとして、常に指示待ち人間になってしまった方は、自ら考えるという機能を忘れてしまったかもしれません。能ある鷹が爪を隠して、その爪が退化した状態になっているのです。もしくはある程度考えている場合でも、ひたすら仕事をこなしてきたことで視野が狭くなり、全体を見る力が備わらず、部分的に最適に処理する行動が強まっているのです。

結果、自分の仕事を整理し、本来すべき仕事、しなくても良い仕事というような切り分けができなくなってしまいます。ただただ仕事をこなすというマインドになってしまっているのです。会社の強みは組織で仕事を行うことです。2人以上の同じ目的を持つ集団がいて、集まった人数の足し算以上の成果を出すことで、組織の成果が何倍にもなり、やがてそれが個人では味わえない醍醐味へとなります。

それから、中堅社員の壁の1つに、自分の仕事を組織やチームに振れないということがあります。自分で全て仕事を行う状況から、自分の仕事を切り分けて他の資源を活用することを覚えなければなりません。しかしどのように切り分けて良いのか分からない人も多いことでしょう。あるいは、自分が経験し、学習したこと以外はできないという発想になってしまっているのかもしれません。

これは、専門能力で仕事を続けてきた証拠です。**言われたことだけで成果を出して、そのよ**

うな環境が当たり前になると、あまり考えないでも自分の成果が組織として出せるようになります。当然、組織はその仕組みを作っているわけだから当たり前ですが、**これが続くと個人としてはまずいです。**過去の先輩が構築した船に乗っているだけの存在になってしまうからです。

概念化のポイント

概念化能力を鍛えるポイントは、**方向性（ありたい姿）を押さえること**です。大きな組織において、**自分たちの組織がどこに向かっているのか把握するのは案外難しい**ものです。その理由として、**方向性を知らなくても細分化された仕事の一部分をこなし続けるだけで評価されるから**です。そこで、概念化能力を鍛えるために、組織の方向性を理解することが大切になります。

次に、**現在の経営環境を把握**します。そのためには、事業の成り立ちやその事業がどのような変遷を遂げてきたか、事業の過去を知ることが重要です。そうすることで、今後どのような事業環境になるのか、その変化を推測できるようにします。

図3　概念化能力と問題解決の流れ

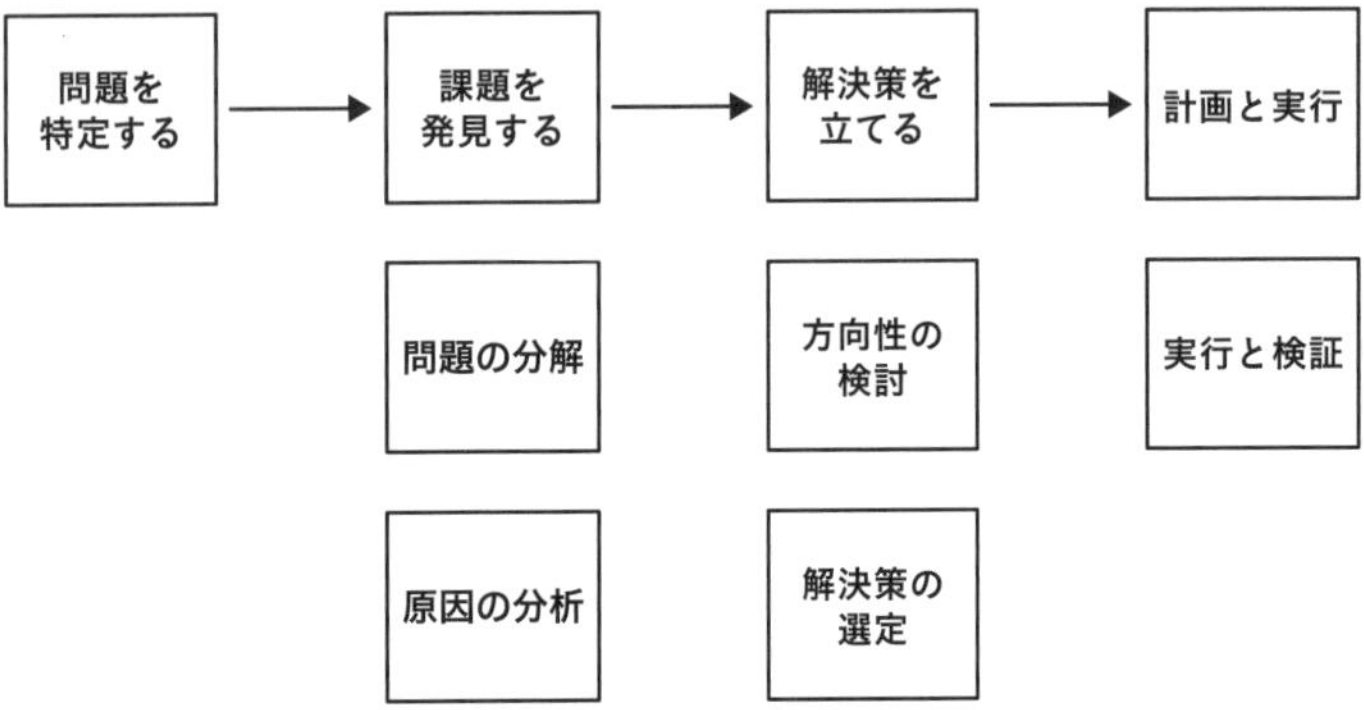

将来の方向性、過去から現在、現在から将来の事業環境の推測ができれば、現在と将来の方向性に対してギャップがあることがわかります。問題解決ではこのギャップを問題として定義します。問題が定義できればその問題を解決するための糸口をさがします。通常は問題を細かく分解して、さまざまな視点から発生している問題が「どこ」で起きているかを確認します。

そして、問題のギャップが発生している場所を見つけることができたら、次にその問題が「なぜ」発生しているのか因果関係を探るのです。このような問題の分解と分析を繰り返し行い、その結果をまとめたものが課題です。

課題が明らかになると、次は解決策を考えます。解決策を考える際も、いきなり細かく考えるのではなく、大きな方向性をいくつか整理してみます。そして、その方向性ごとに解決策のアイデアを出していきます。解決策のアイデアが複数出た場合は、事前に議論していたルールに沿って解決策を選びます。

最後は、その解決策を実行するための計画を立案して、実行しながら検証してありたい姿にたどりつくのです。

このプロセスを行う過程で、さまざまな概念を可視化して、言葉や数字や図に表すことが必要です。頭の中だけで考えても、整理が難しいからです。組織に属する人は、会社が目指す長期的な方向性を確認して、上述の概念を実際に行います。この思考を徹底して繰り返し、実践するなかで概念化能力が強化されるのです。

第2章 視点

ある王様が６人の盲人を集め象を触らせ、「象とはどんな動物か？」と問うた。
足を触った者は「柱だ」
尾を触った者は「ロープだ」
鼻を触った者は「ヘビだ」
耳を触った者は「うちわだ」
腹を触った者は「壁だ」
牙を触った者は「ヤリだ」
と答え、自分が正しいと主張して一歩も譲らず言い争いをはじめてしまう。

（インド発祥の寓話）

本章では、「物事をどのように捉えるのか」という視点について整理しました。視点のあり方で考え方や捉え方が変わります。大きな視点で見たり、小さな視点で捉えたりすることによって、さまざまな考えを受け入れることができ、頭の中が整理されます。

- 視点について考える
- 知覚と事実は異なる
- 思考のメカニズムを知り活用する

視点とは何か？

視点、視野、視座という言葉があります。どれも似たような意味として捉えられることもありますが、「物事をどのように捉えるか」ということで、それぞれ違った意味を持っています。ですが、本書は国語の本ではありませんので、それらをまとめて視点と表現しています。簡単に言葉の違いに触れつつ、「視点とは何か？」について書いていきます。

●視点

「論理思考」や「戦略」といったテーマにおいて目にすることも多いのではないでしょうか。おもに「**どこから見ているか**」という見る対象の立場を指すときに使われます。視点の程度を表す言葉には、「鋭い視点」のように「鋭い／鋭くない」などの表現が用いられます。

●視野

「**どこまで見えているか**」を表します。視野の広い人は、空間的な広がりに加え、先のことまで見通す時間の概念も加わります。視野の程度を表す言葉には、「視野が広い」のように「広

図4　視点・視野・視座

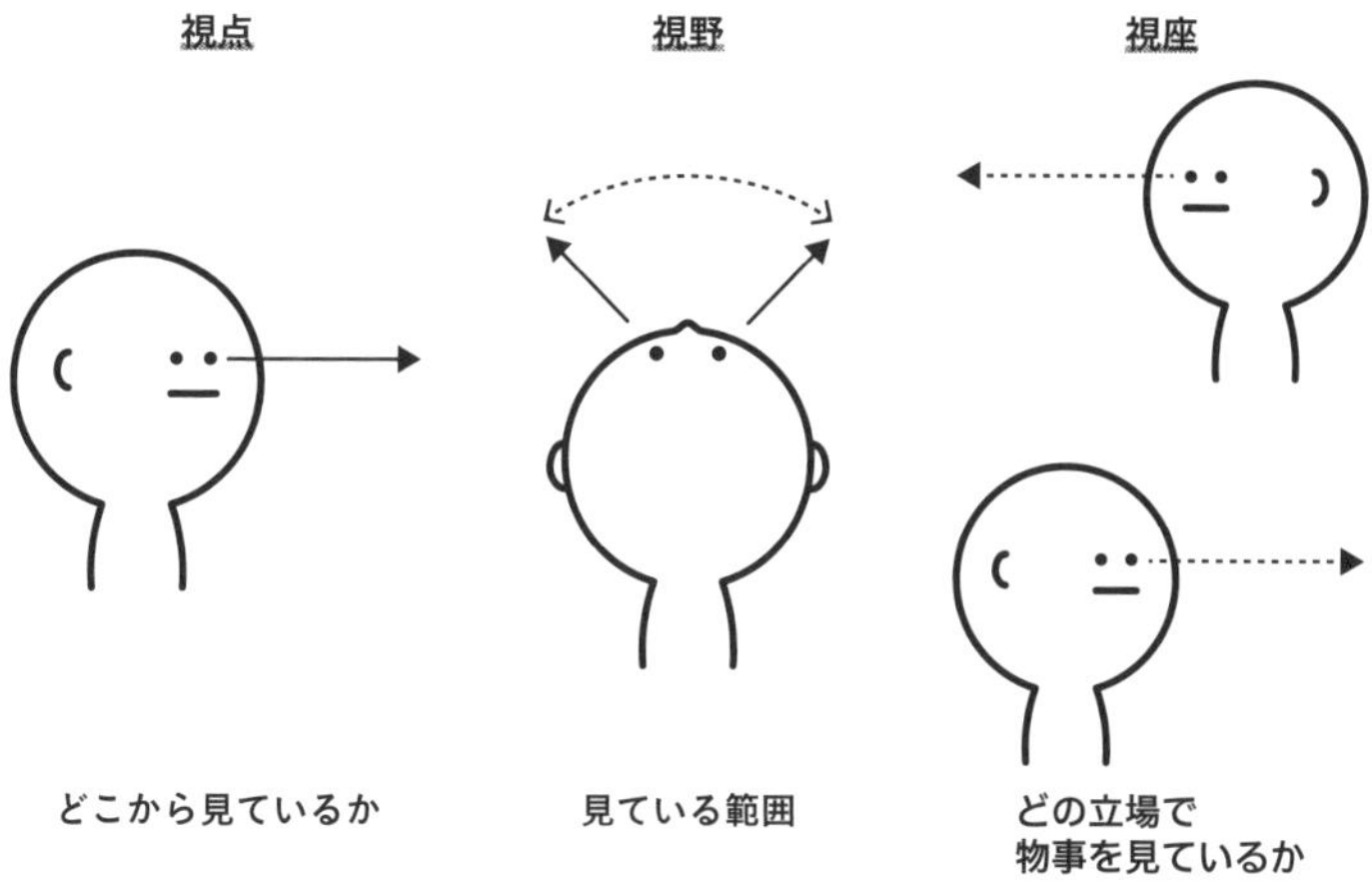

い／狭い」などの表現が用いられます。

●視座

「**どの立場で物事を捉えているか**」を表します。視座の程度を表す言葉には、「高い／低い」などの表現が用いられます。「現在の立ち位置より２つ高い視座を持つ」などです。

知覚と事実は異なる

外からの刺激で、視覚、聴覚、触角、嗅覚、味覚などに加えて、思考を通して脳が生み出した認識を知覚といいます。普段、あまり意識することなく、我々は知覚を使い外の世界を認識し体験しています。見たことや聞いたことが事実と思うかもしれません。しかし、実際は目や

図5　錯視①　ツェルナー錯視

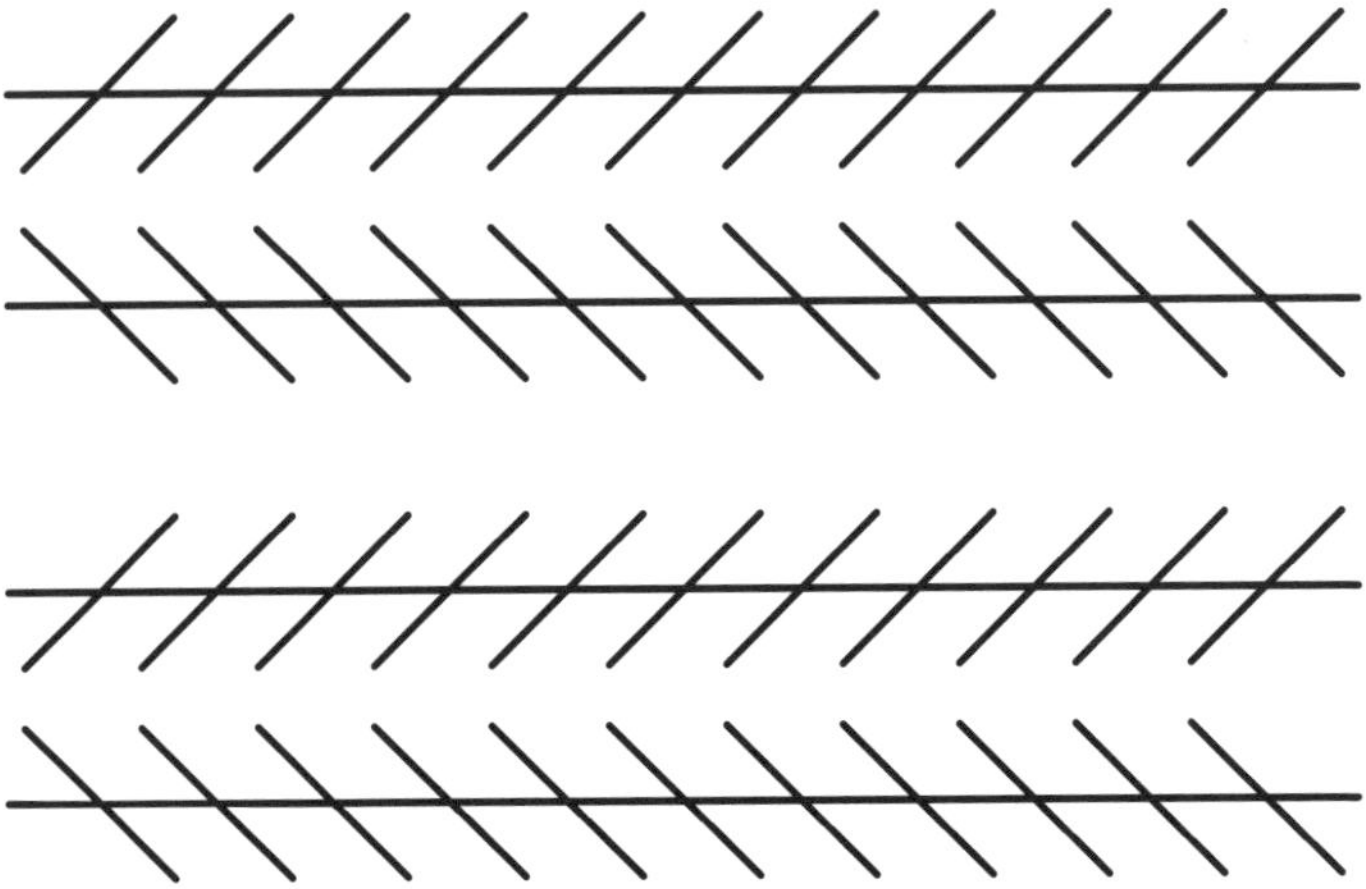

耳や鼻や手や舌などのセンサーから得た信号を、脳で処理して意味づけした結果を我々は事実だと認識しています。

図5を見てください。4本の線が平行に引かれています。しかし線分に角度をつけた羽があることで平行に引かれた4本の線が平行に見えなくなります。このような現象を錯視といいます。

次ページの図6は、同じ3本の長さの線を引いています。しかし中段の線分が上下の線分よりも長く感じることでしょう。線分の両端に内向きや外向きの矢や羽をつけることで、同じはずの線分の長さが長くも短くも見えたりするのです。

図6　錯視②　ミュラー・リヤー錯視

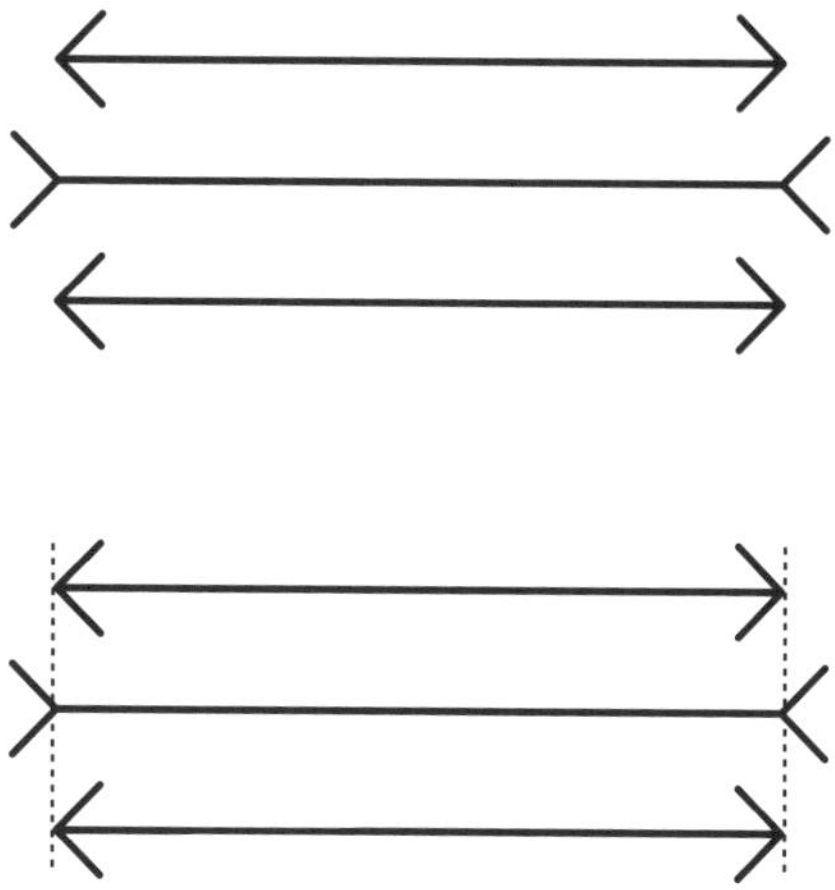

知覚は脳が生み出す産物です。**当たり前に感じている五感や思考は、事実ではなく脳で解釈した結果なのです。**これらのことを頭に入れて物事を捉えることで、自分の思考を強く意識できるようになります。

次ページの図7を見てください。同じ大きさの円の周りに、小さな円を並べた左の図、大きな円を並べた右の図です。中央にそれぞれ配置した円の大きさは同じですが、左の図の真ん中の円のほうが右よりも大きく感じるのです。不思議ですよね。

人は自分が不安定な状況だと感じると、自分を小さな存在と錯覚し心配になることがあります。一方で、満たされた状態だと、ありのまま

図7　錯視③

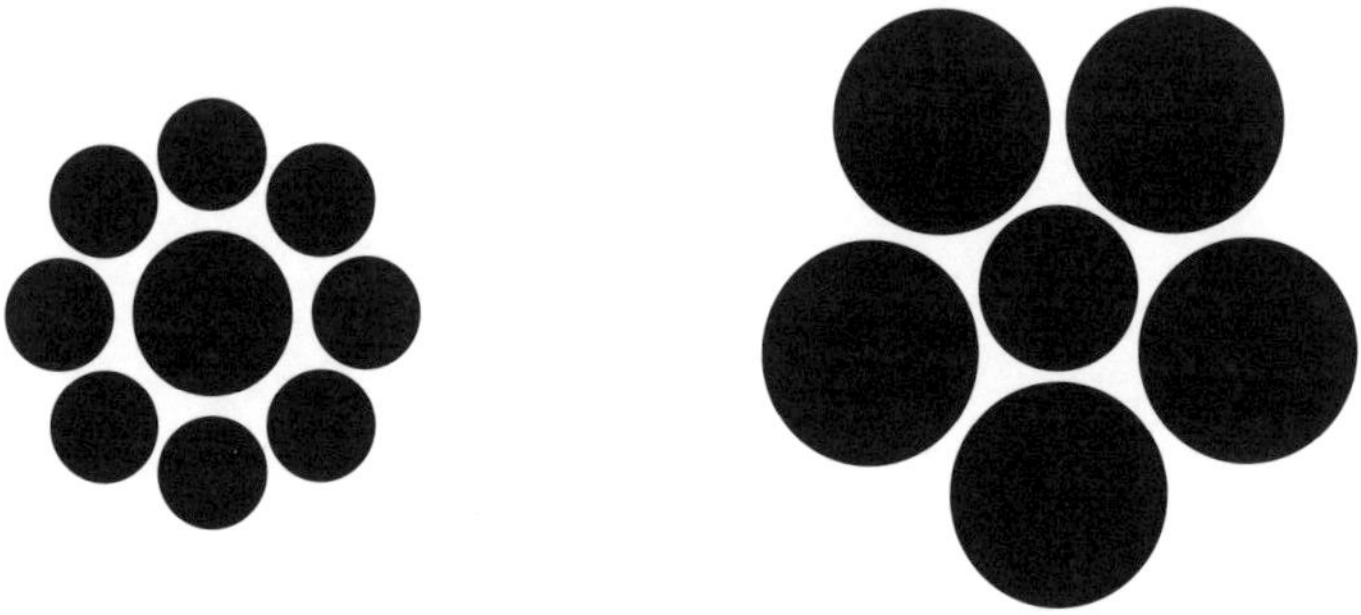

の自分を表現し行動することができます。どちらの状況も自分は自分であり、周囲の丸が大きいか、小さいかを無意識に感じ取り、自分の考えや行動を規定しているのです。

人は物事を相対的に判断する癖があり、絶対的に捉えることが難しいようです。おえらいさんに囲まれると忖度してしまい、反対に自由な雰囲気を感じたら、わがままになり空気を読まなくなります。でも、**自分は自分で、自分を定義しているのは自分の思考なのです**。

近年、脳についての研究が進んでいます。これまで曖昧だったメカニズムが徐々に明らかになってきました。人の思考は、戦略や企画を考えたり、マーケティングを考えたり、自分のキャリアや人生を考えたり、普段の判断をするなど、切っても切り離せない関係です。
思考には、次の5つの特徴があります。

❶一時的に1つのことに集中する

何かに集中すると周りが見えなくなります。集中した概念を中心に思考の枠組みができてしまい、なかなか新しい発想ができなくなります。脳を効率的に働かせるために、脳はあたかも他のことを考えないように制御するのです。

ある情報のインプットに対して、1つの視点から思考してうまくいかない場合、「**待てよ、今は脳が1つの視点に制御しているかもしれないぞ。あえて別の視点も考えてみよう**」というように、このことを意識することで、今まで行き詰っていた状況を回避できるかもしれません。

❷既成概念に捉われやすい

仕事が慣れてくると、一定のパターンを無意識に繰り返してしまったり、会社の帰り道に無意識にコンビニに寄ってしまったりすることなどです。人は特定の思考や動作を繰り返すことでニューロンが活性化され、より敏感になります。そして、**一定のパターンを繰り返すにつれ、脳が勝手にショートカットをするのです。**結果的に、特定の思考パターンや行動パターンができあがります。

意図的に普段の自分とは異なった行動をとり、あえていつもと反対の視点で物事を捉えてみることで、思わぬ発見があるかもしれません。

❸似たようなものを同一視する

脳は思考をどんどん効率化していきます。同じパターンの繰り返しを見つけると、すぐにショートカットを作り出します。そのため、**ある情報のインプットに対して、過去に似たようなインプットがあれば、勝手に同一視して知覚することがあります**。慣れ親しんだことのあるものに対して新たな視点で思考することは難しくなるのです。

時々、今までとは全く違うはじめての経験を積み、過去の知識をあえて忘れることで、新たな知識を仕入れて、今までにない思考パターンを試すことができます。

❹過去の経験が思考に大きな影響を与える

何かを始める際は、過去に体験した似たような状況を無意識に思い出して活用します。過去の経験を脳が勝手に整理して、今から将来に対しての思考に大きな影響を与えるのです。

過去の行動を記録しておくと、思考のショートカットに対応することができます。新たな思考が必要なときは、これまで行った思考を確認して、あえてこれまでと異なった視点で物事を考えるのです。

❺「感情」が思考に影響する

「楽しい！」とポジティブに脳が受け取るときと、「不快だ！」とネガティブに受け取るときでは、思考の結果が異なります。そして想像の通りポジティブな状態のときに、脳は活性化して良い影響を受けることが分かっています。

ということは、楽しいこと、興味のあることを増やすことが大切です。そして、**仕事や取り組むことそのものを楽しいと感じ、積極的に好きになれば良い**のです。人は寝ている時間が人生の１／３で、起きている時間の多くは仕事や家事をしています。だったら、その取り組みそのものを楽しむ方法を考えていきましょう。

思考のショートカット

皆さんは自転車に乗れますか？

私の地元長崎では、坂道が多く平坦が少ないこともあり、自転車に乗れない人も珍しくありません。幸い、私は子どもの頃に兄が自転車に乗っていたので、自分も乗ってみたくなりました。

初めて自転車に乗ったとき、「どうやってこの乗り物でバランスを取って進むことができるのだろうか？」と誰もが思ったことでしょう。しかし、何度か試行錯誤して取り組むうちに、何日か経つと乗れるようになります。そして一度乗れるようになったら、少し前までは頭で考えて手足や体のバランスを取っていたのを忘れ、スーッと自然に乗れるようになります。

図8をご覧ください。人が初めて何かを行う取り組みをモデル化した図です。これまで一度も取り組んだことがなければ、はじめは試行錯誤して、手当り次第に試していきます。そして徐々にやり方がつかめてきて、ようやくできるようになります。そして、いつの間にか、同じようなことが自然にできるようになっているのです。

たとえば、ある取り組みを①から初め、次に②、③とやってみたところ失敗しました。

今度は、①、②の次に④を試してみる。そして⑤を試してみたところ、うまくいかない。

次は、①、②、④、⑥と行うも失敗。嫌になりながらも日数が経つうちに①から⑦のアプ

図8　思考のショートカット

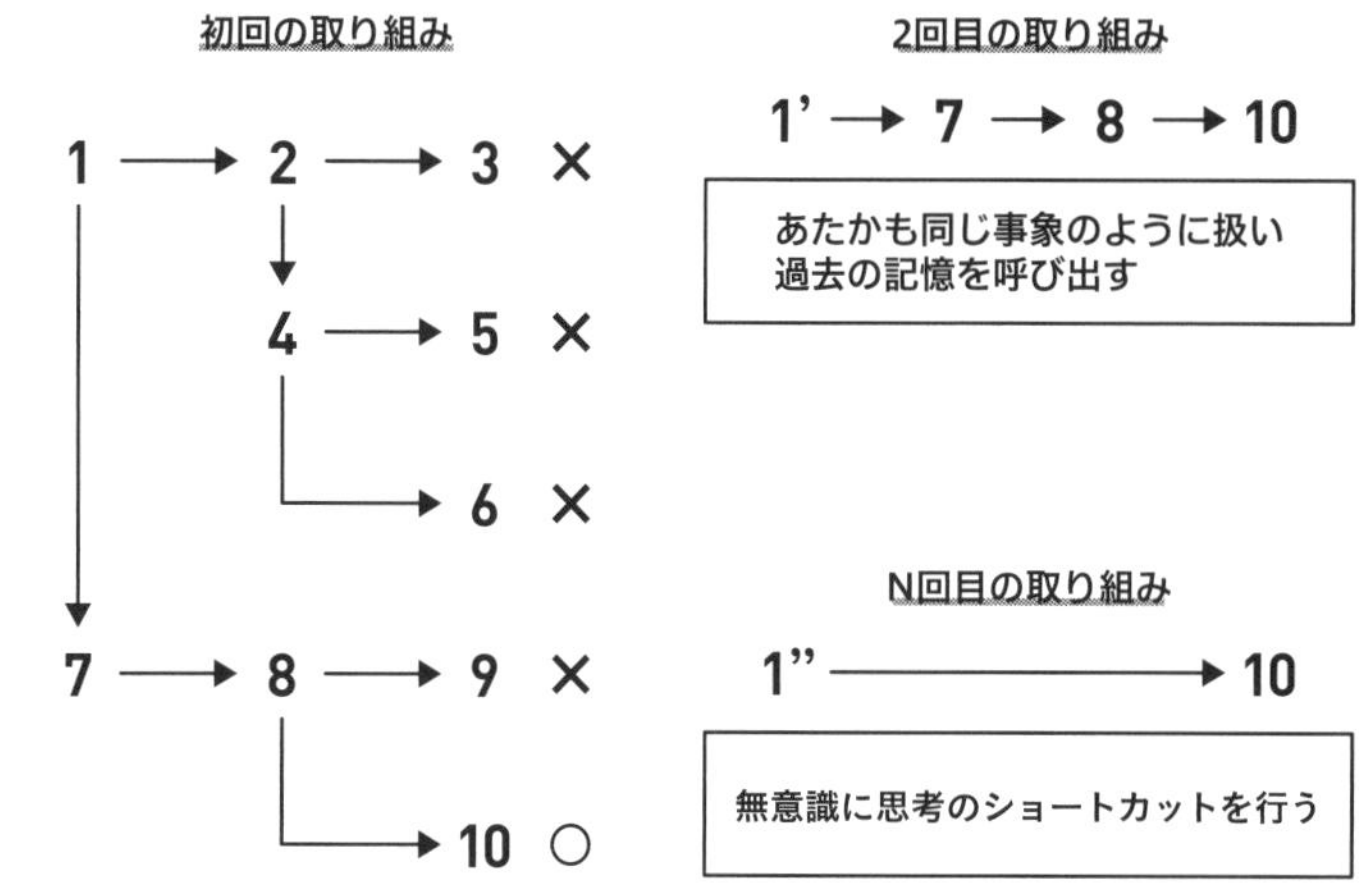

ローチを見つけ、実際に試してみる。
⑦、⑧、⑨と行いうまくいかないながらも感触をつかんでいく。そしてついに、①、⑦、⑧、⑩という流れで成功することができました。

このように**試行錯誤とは、色々試した中で過去の成功体験を蓄積して精度を上げていく取り組みなのです。**

人のすごいところは次からです。もし同じ様な①′（※ダッシュ）を取り組むときに、瞬時に昔に行った①の取り組みを思い出し、あたかも①と①′が同じかのように勘違いし、①′、⑦、⑧、⑩とクリアするのです。

そして今度は①″（※ツーダッシュ）の事象があったときは、今度は①″からいきなり⑩という正解を導き出します。面白いところは、①、①′、①″は全く同じではないのに、脳が同じ様なものと認識して、過去の取り組みを最適化するのです。

これがいわゆる似たようなモノを同一視する思考のショートカットです。初めて自転車に乗り、当たり前に乗れるようになったときも、思考のショートカットと同じ様な原理で脳が無意識に体をコントロールしていたのです。

社会人になった当初は、自分は仕事ができるのか不安だったと思います。しかし2年目になる頃には、特に考えなくてもできるようになっています。はじめて部下を持ち、マネジメントする側になったときも同じです。はじめこそ試行錯誤の連続ですが、やがてできるようになります。これから待ち受ける困難や、新たな取り組みも実は同じなのです。諦めずに試行錯誤して時間をかけて取り組み続けると、やがて脳がうまく処理してできるようになります。もちろん、自分はできないと思って、行動を起こさなければ実現することはありません。

頭の中の時計の絵

小学校の図画工作の時間に、立方体をさまざまな角度から描写する授業がありました。見方によって六角形や正方形に見えてきます。同じカタチでも捉え方によって見え方が異なることを学習しました。視点のポイントも同じで、概念や物事も視点によって異なるのです。

概念的な視点を理解するために、実験をしてみましょう。実験は至って簡単です。紙とペンを用意して、次の通りに絵を書いてみてください。

- 普段、腕時計で時間を確認する人は、その腕時計を見ないで絵を描いてください。
- 普段、腕時計をはめていない人は、普段使用しているケータイかスマホかスマートウォッチの絵を何も見ないで描いてください。

どちらの場合も、上手に描く必要はありません。特徴をうまく捉えて表現してください。絵や文字を使って描写しても大丈夫です。時間は90秒です。

描き終えたら、自分が描いた絵と実物を比較します。描いた時計と実物は異なっていることでしょう。たとえば、文字盤に数字があると思っていたらローマ数字だったとか、秒を示す窓の位置が右側でなく左側だったとか。頭では簡単に分かっていても、実際に視覚化すると覚えているようで正確に描けなかったと思います。

時計やスマホは、一つ一つ細かなデザインがあり、機能を備えています。しかし私たちの頭の中では、腕時計やスマホを抽象的に捉え、無意識に同一視して捉えているのです。

ここまで読んだら、もう一つ実験をしてみましょう。さらに、次の質問に答えてください。

◎自分が描いた絵と実際の時計（スマホやケータイ）を比較した際、正確に何時だったか覚えていますか？

きっと何時だったかあまり意識していなかったと思います。一時的に1つのことに集中すると、他のことが疎かになります。さらに、時計は時間を計る道具と認識しているため、毎日時計を見ていたとしても、じっくりと特徴を捉えることはありません。

それが実験中に時計の絵を描いたため、今度は視点が時計の特徴に向きました。針のカタチや文字盤の特徴を詳しく観察しましたが、それが時間を意味することを忘れていたのです。繰り返しになりますが、脳は一時的に1つのことに集中します。絵を描くことに集中して、時間を読むことを忘れてしまうのです。

実験中、絵を描いているときに、一言、誰かが「時間を見て」と言えば、自然と時間を確認したことでしょう。**「どんな視点で見るのか？」を意識することで、捉え方が変わるのです。**

この視点は意図的にさまざまな見方を意識して観察することによって身につきます。

水族館は一方通行？

もう一つ、似た実験をしてみましょう。

◎今度は、魚の絵を描いてください。時間は60秒程度です。

さて、書いた魚はどちらを向いていますか？

左向きではないですか？　魚の向きを考えてみると、右向きや正面からなど、あらゆる向きがあります。しかし、何も意識しなければ左向きの魚を書いてしまうのです。これは小さいときから、図鑑や教科書で見てきた魚の多くが左向きだったからです。魚屋さんでも左向き、皿の上だって左を向いています。無意識に魚の向きが脳裏に刷り込まれた結果です。（無意識に右向きの魚を書いた人は、同様に左向きの魚や正面や後ろ向きがあることを確認してください。）

ところで、仕事を通じて社長さんや経営者から、「**うちの業界は特殊だ！**」という話をされます。業界が変わっても、職種が変わっても、毎回の決まり文句です。実にさまざまな経営者や管理職の方々から、同様の表現を伺いました。そんな時、毎回一言。「**その特殊な業界を作っているのは、誰ですか？**」と尋ねます。すると、皆さん口を揃えて「**えっ、それは業界の人たちですね。**」と答えます。

人は考えるときに、何か「枠」を作りたがるようです。そして、その枠の中でじっくりと考えを張り巡らせます。先ほどお話したように、既成概念に囚われやすく、仕事に慣れてくると一定のパターンを無意識に繰り返すのです。

脳は、思考の省エネモードに入っているのでしょう。**全てを毎回ゼロから考えるのはカロリーの消費量が大きくなります**。したがって、過去に経験したり学習したりした内容をベースに、今起きていることを、あたかも同じことかのように勘違いさせて考える傾向があるのです。思考のショートカットです。

これは**繰り返しの作業や過去と全く変わらない作業においては極めて有効ですが、答えのない世界における思考としてはやや不適格です**。そんなときは、魚の向きは色々あると意識することが重要です。今、業界に特化した思考で考えていると意識することで、業界の外の事例を研究する意欲が働きます。これも視点の変化によるおかげです。

高校や大学で幾何学を学んでいるとき、一見難しそうな問題も一本の補助線を引くことで、モノの見方が変わり、急に解へのアプローチが浮かんだ経験が何度もありました。これまで何の関係もないと思っていた事象が互いに結びつき、頭が回転しはじめます。この補助線も視点をあたえるきっかけになっているのです。

今度はナインドットというゲームを紹介します。次ページの図9のように、枠の中に9つの

図9　ナインドット①

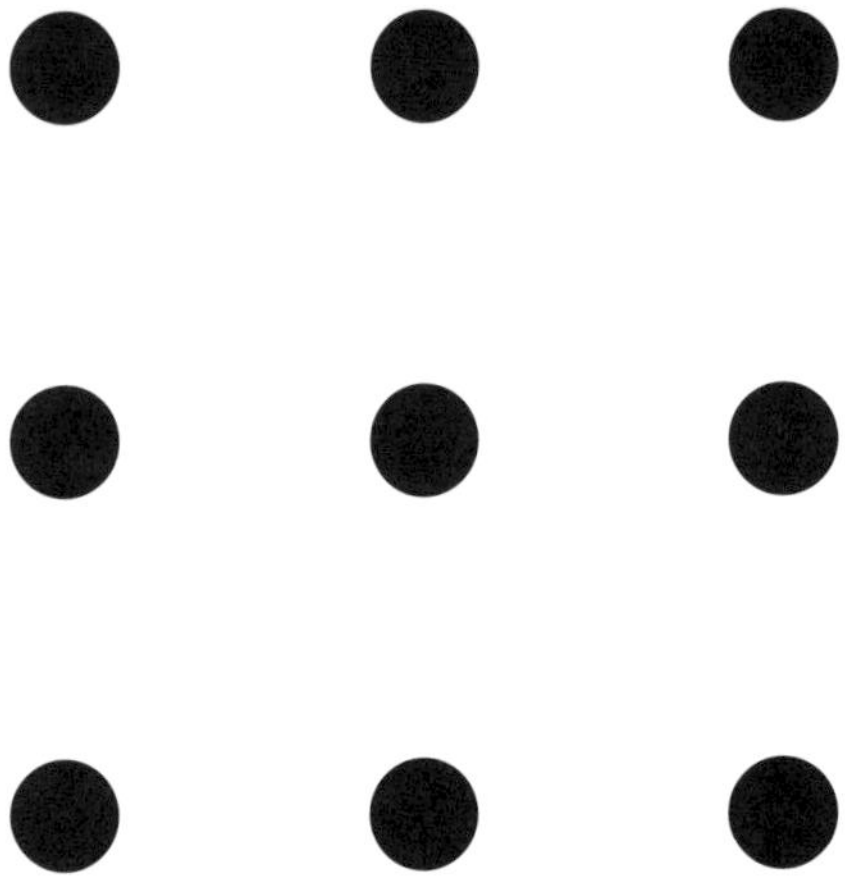

円が3行3列で等間隔に配置されています。ペンか鉛筆を使って、これらの円を最小の数の直線でつなぐゲームです。その際、線は真っ直ぐ引き、一筆書きで何本の直線で書けるか挑戦してください。

5本はすぐにできたとおもいます。次は、4本にチャレンジしてください。

このゲームを試したことがある人は4本の一筆書きの直線をいきなり考えている、いや昔の記憶を手がかりに思い出したことでしょう。先ほどお話したように、脳のくせで過去の経験が思考に大きな影響を与えます。考えることよりも記憶に頼ることを無意識に選択するのです。

図10　ナインドット②

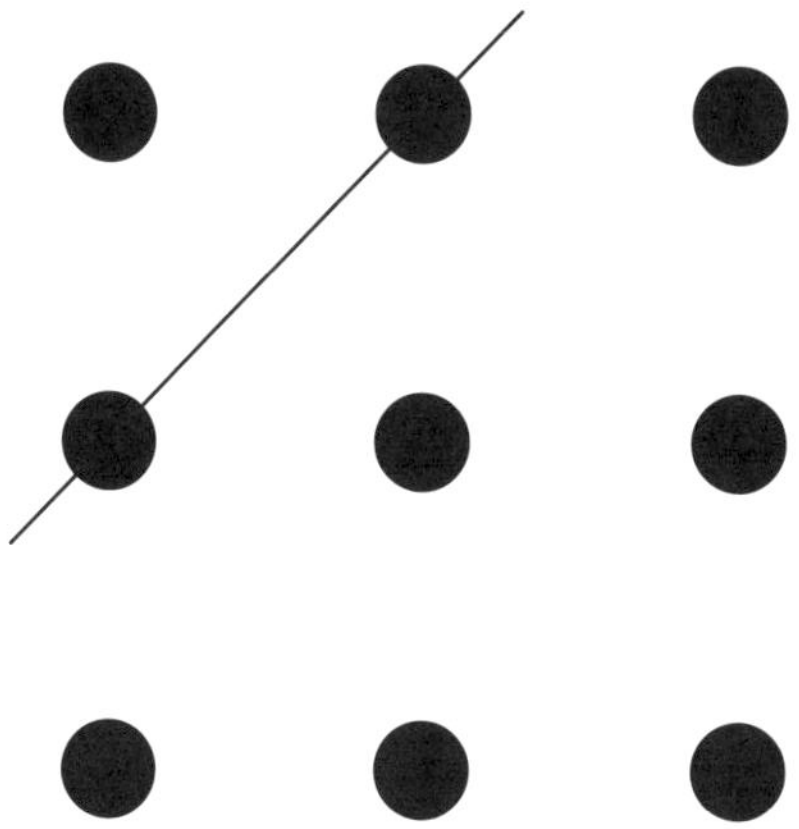

一方、はじめて挑戦した人は、正方形の枠の中に線を引き続け、一向に5本を4本にすることができません。5本の成功体験が脳に残り、やはり無意識に過去の成功体験の延長で思考を続けていたのです。

4本の一筆書きで全ての点を通すためには、図10のように直線を枠の外にはみ出すことがポイントです。創造的な思考は枠の外で考える。そのような意味合いから英語で表現するときは、「Think outside the box」と表現されます。考える視点を箱の中から、箱の外に移すことで、すぐに見つかることはないですが、時間をかけると4本の一筆書きの直線ができるようになるでしょう。

図11　ナインドット③

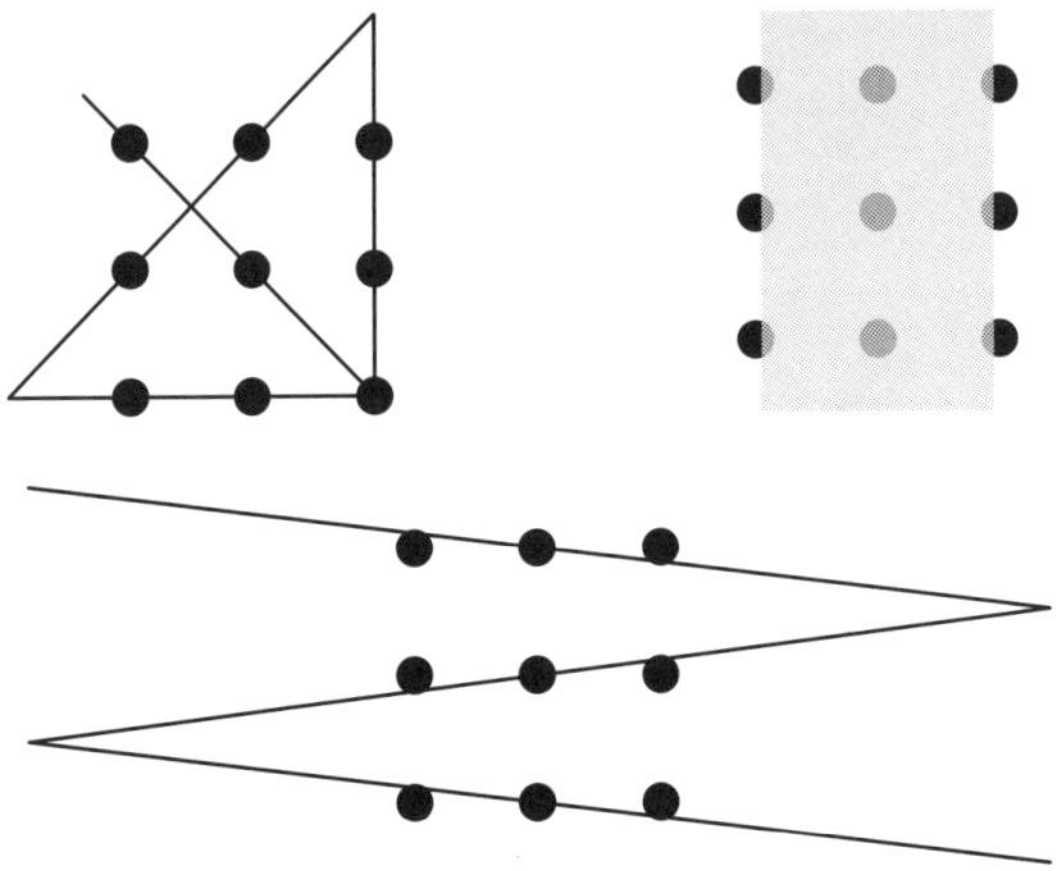

4本ができたら、次は3本に挑戦してみてください。5本からの視点を変えて4本ができた人は、また別の視点を考えて取り組んでくださ い。時間はかかると思いますが、できると思います。もし、一定時間かかってもできなかったら、諦めて、今度は無理やり1本の線でできるかを考えてください。

すると、「太い直線！」とひらめいたことでしょう。

思考が硬い人は、5本や4本が分かっても、同様に過去の思考の延長上で考えてしまい、視点を柔軟に切り替えることができません。

そのようなときは、思いっきり視点を変えるために極端に大きくするか、極端に小さく考えると良いでしょう。10倍とか100倍の規模で考えたり、10分の1とか100分の1とかで考えたりするのです。すると不思議なことに、「そんなことできるわけないじゃん。やるとしたら、ルール違反だけど、こうするしかないよ」という感じになり、「太い線」などといった延長上ではない視点が生まれてくるのです。

速い思考と遅い思考

次の問題をなるべく早く解いてください。

◎バットとボールはセットで1ドル10セントします。バットはボールより1ドル高いです。ボールはいくらですか？

多くの人が「10セント」という数字を思いついたことでしょう。**この問題の特徴は、すぐに答えが思いつきますが、実はその答えは間違っていることです**。計算してみると間違いだとわかりますね。ボールが10セントだったら、バットはボールより1ドル高いので1ドル10セントになります。するとバットとボールの合計は1ドル20セントになってしまい、間違いに気づきます。

人の思考には速い思考と遅い思考が存在します。**速い思考は自動的に高速で脳が判断するため、努力は不要でストレスがかかりません**。そして自分で脳をコントロールしている感覚もありません。先ほど説明したような脳の特徴が速い思考を生み出したのでしょう。

一方、遅い思考は、複雑な計算にあえて取り組みます。**一般的に遅い思考を使う際は、面倒くさくて、時間がかかります**。明らかに脳を使っている感覚を感じることでしょう。先ほどのナインドットのゲームで、枠の外を突き抜けた補助線をみたときは、遅い思考を使って5本から4本を考えたと思います。

速い思考は、瞬間的にアイデアが出る感覚で、遅い思考は論理思考のように時間がかかります。遅い思考の役割は、速い思考が提案した考えや行動を監視し、制御することです。速い思考の提案を許可して行動したり、逆に却下して行動を修正したりします。しかし、この作業は脳に負担がかかるため、時として無視されることもあるのです。そして遅い思考を怠けることで、先入観や思い込みによる間違いを犯してしまうのです。

この問題は、ノーベル経済学賞を受賞したプリンストン大学のダニエル・カーネマン教授が考えました。有名大学の学生でも5割以上が誤答したといいます。人の脳がいかに非合理的で思考停止に陥りやすいかがわかる問題として有名です。

枠に当てはめて考えることのメリットとデメリット

人は何か考えるとき、これまで慣れ親しんだ考え方に当てはめて考えます。考え方の枠は、これまでに得た知識や経験したこと、過去に学習したことによって、自然にその人の考え方のパターンとして定着します。はじめは意識しながら枠を利用しますが、やがては無意識にあてはめて考えます。魚の向きがそうでしたね。

枠が出来上がると、次に何かを考える場合は、無意識のうちにその枠の中で考えます。枠を作ることで全てを一から考える必要がないので短時間で何らかの解を導きだせます。速い思考のメリットです。

一方、**無意識のうちに枠の中で思考するということは、それ意外の可能性をはじめから考えていないことになります**。先ほどのナインドットのゲームで5本の直線から4本や3本ができなかったのは、枠の内側で思考した結果でした。脳が効率化を急ぐあまり、固定した視点で物事を見てしまい、発想が陳腐化する可能性があるのです。それらを回避するためにも、自分がどんな枠で考えているかを理解することが大切です。

自分の思考の枠を意識することで、遅い思考に切り替えることができるようになります。遅い思考は、新しいことや初めての取り組みを考える上でとても役に立つ思考です。

ニュートンはリンゴが落ちるのを見て万有引力の法則を導いたといわれます。月が回っていることと、リンゴが落ちること。これらを結びつけて考えました。普段から相当意識して考え抜いた結果でしょう。**意図的に速い思考から遅い思考に切り替えるために、自分の思考の枠を確認し、何事も疑問を持つ態度を大切にする**。そのような視点を持つことで自分が捉えている世界が変わっていくのです。

図12　アンゾフのマトリクス

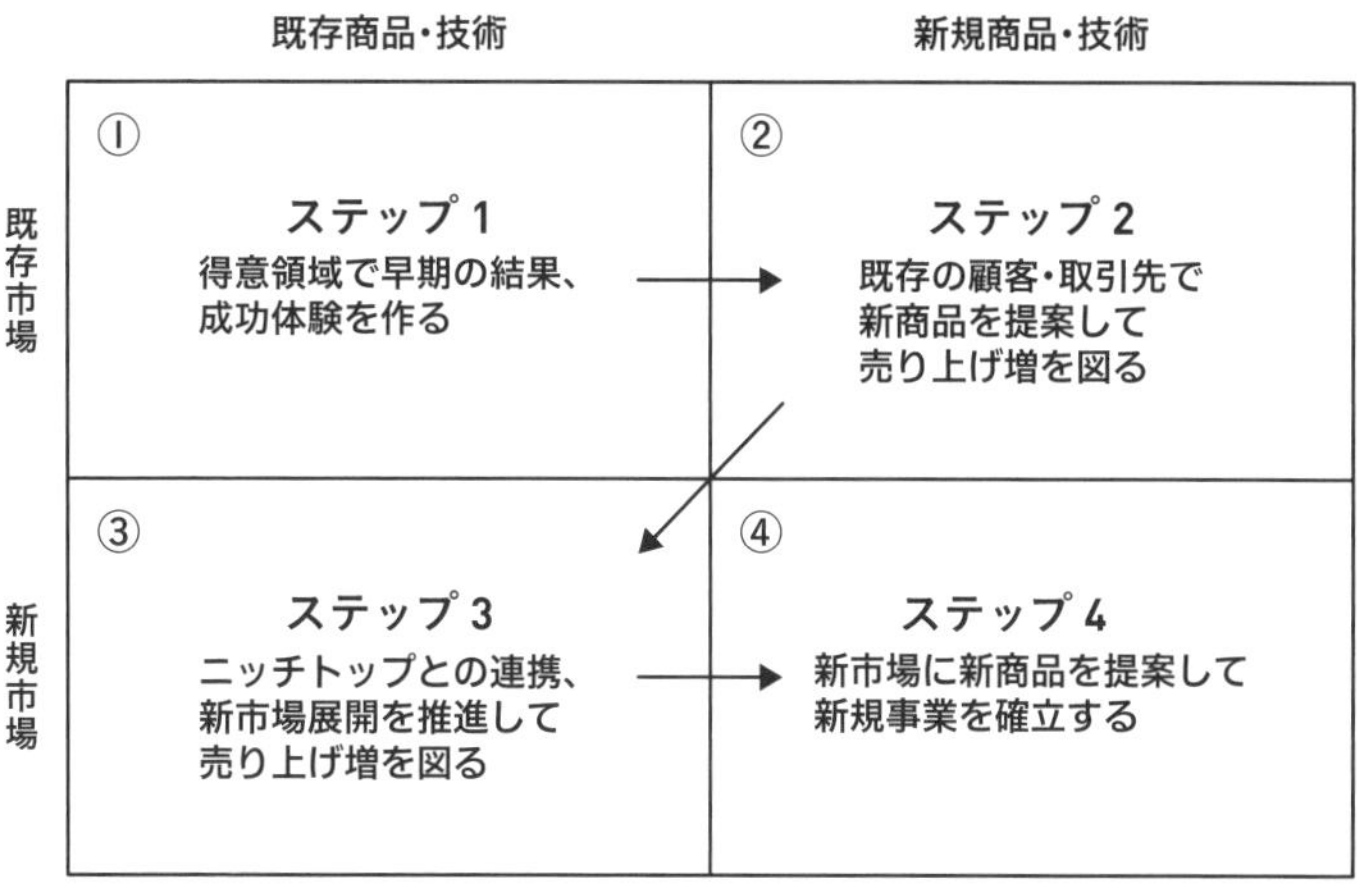
既存商品・技術
新規商品・技術
既存市場
新規市場
①
ステップ1
得意領域で早期の結果、
成功体験を作る
②
ステップ2
既存の顧客・取引先で
新商品を提案して
売り上げ増を図る
③
ステップ3
ニッチトップとの連携、
新市場展開を推進して
売り上げ増を図る
④
ステップ4
新市場に新商品を提案して
新規事業を確立する

「既存」を意識することから はじめよう

既存の反対は新規。**既存を意識することで、新規の世界があることを改めて認識できるようになります。**経営の世界で、「企業の成長の方向性は4つある」と唱えた人がいます。イゴール・アンゾフです。現状の商品（製品やサービス）や技術と展開している市場に対して既存と新規という視点を組み合わせることによってマトリクスを作りました。

現在のように市場が成熟していては、さらに売上を伸ばそうと思ってシェア拡大しても、市場自体が伸びない、あるいは小さくなっているため、思ったような成果は望めません。冷静に

図13　人は無意識に既存の枠の中で思考する

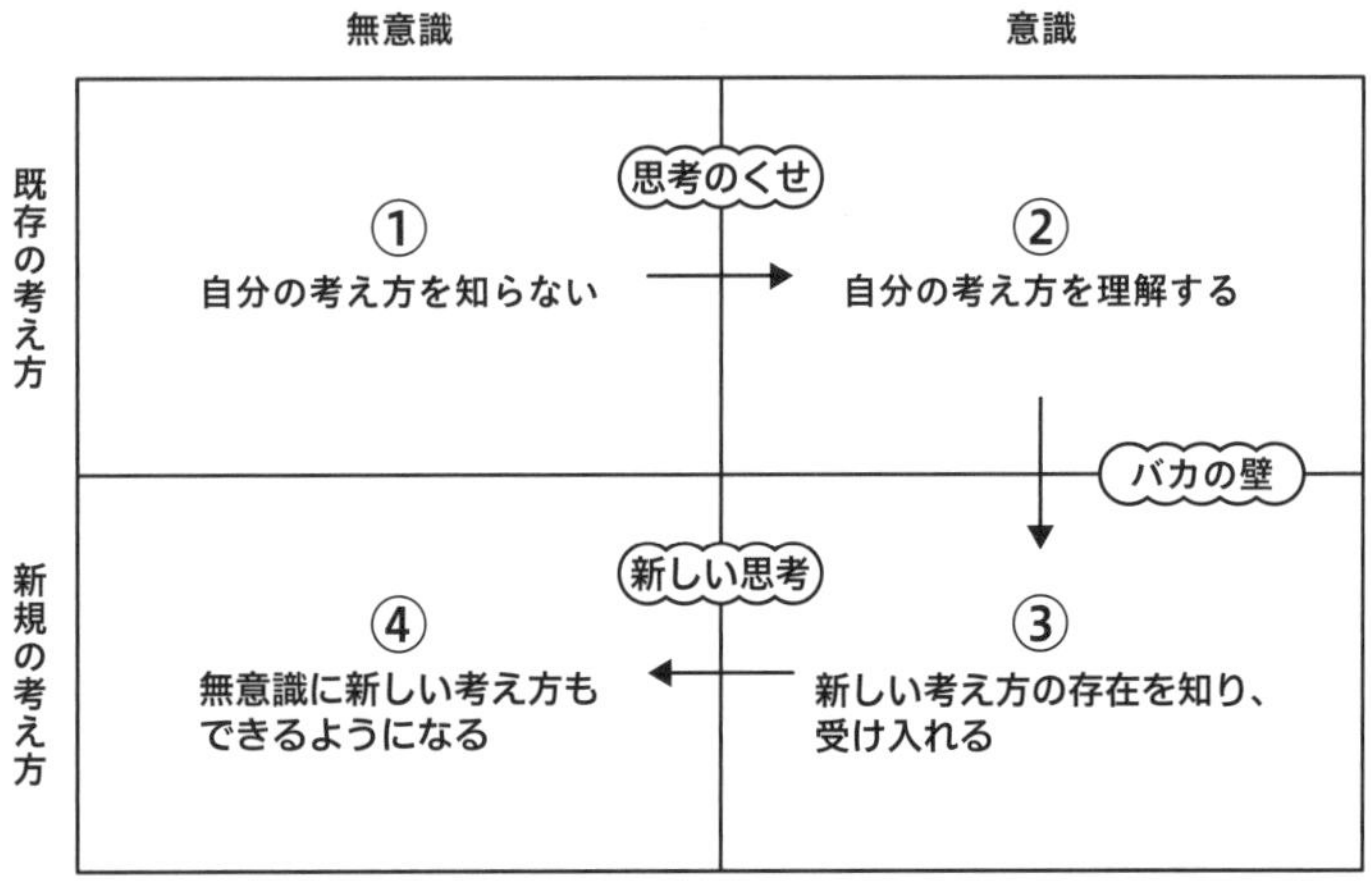
無意識
意識
既存の考え方
新規の考え方
思考のくせ
①
自分の考え方を知らない
②
自分の考え方を理解する
バカの壁
新しい思考
④
無意識に新しい考え方もできるようになる
③
新しい考え方の存在を知り、受け入れる

考えると市場の飽和は理解できますが、いざ戦略を考えるときはそうはいきません。これは、既存の市場という概念を意識していないためです。

しかし、商品（製品やサービス）や技術を既存と認識することで、新規の概念を再確認します。そこで、「今認識していない新しい市場に持っていけばいいいのでは？」という発想が浮かび、これまでと違ったアイデアを導き出すことができるようになるのです。

ただし現実世界では、いきなり①既存商品・既存市場の世界から④新規商品・新規市場の飛び地で事業を作ることはできません。新規事業を行うには、①の領域での成功体験はかかせません。新規事業のステップとしては、飛び地である④に進むのではなく、①で得た成功体験を既存の顧客や取引先に試して売上をつくります。新規事業の取り組みはすぐに結果がでないことから、既存事業からやっかまれることもあります。そのため②の領域で実績を作ることで新商品の検証と同時に社内の理解を得ることにつなげます。

そしていよいよ新規市場に進出です。ただし、新規市場は営業などの資源を持ち合わせていないため、提携などを活用してそのエリアのニッチトップ（小さい市場において圧倒的なシェアを誇る企業のこと）と組むことが近道です。③の領域で実績ができたら、そこで初めて④新市場に新商品を提案して新規事業を立ち上げるのです。

新規事業の経験が乏しい企業の多くは、いきなり飛び地の④に行き、成果がでません。そして既存事業の社内から遊んでいるように思われ、新規事業部隊の士気が低下します。それでも頑張って新市場に既存の商品を売り込むも、そう簡単に開拓できないのです。

これは、人の思考にも当てはまります。従来の自分の考え方を意図的に認識したとき、初めて、それ以外の考え方の存在に気がつきます。これまで話してきた通り、**思考は常に脳の消費**

エネルギーを最小化することに努めます。そのため無意識に既存の枠の中で思考するのです。

そこで自分がこれまで無意識に考えていたやり方や思考の癖を、遅い思考を使って再認識し、考えてみます。この取り組みはやや面倒くさくて、時間がかかりますが、確実に従来の自分と違う考え方の存在を認識することができます。つまり、無意識の既存の考え方を意識的に理解することで、新しい考え方の世界が実は無数にあることを理解するのです。

ここまで読んで、2通りの人がいると思います。「そうそう」と納得して、新しい思考を探そうと考えた人と、「そうはいっても……」と何だかんだと言い訳して、既存の考えに固執してしまう人です。

養老孟司さんは著書『バカの壁』でまさにこのことを指摘していると思います。

「結局われわれは、自分の脳に入ることしか理解できない。つまり学問が最終的に突き当たる壁は、自分の脳だ。（中略）そのときに『バカの壁』はだれにでもあるのだということを思い出してもらえば、ひょっとすると気が楽になって、逆にわかるようになるかもしれません。」

自分の考え方の枠組みを遅い思考を使って整理すると、そこには自分の思考のくせがあることに気がつきます。現時点で自分の思考の結果により問題が発生していなければ無視してよいと思います。しかしうまくいかないと感じたら、箱の中でぐるぐると線を引いている状態かもしれません。魚の向きを無意識に左と捉えて、絵を描き進めているかもしれません。いつしか思考の癖は速い思考となり、脳はそれを都合がよいことだと解釈しているかもしれません。

そんなときは、バカの壁を意識して、自分がこれまで試していない新しい考え方を取り入れてみたらよいのです。５本の線が急に４本になり、３本になるようなスピード感は得られませんが、新しい考え方を受け入れることで、枠の外での思考がはじまります。**時間はかかるかもしれませんが、従来と異なる思考をスタートすることになりますので、確実に従来と異なる結果を生むことになる**のです。


バカの壁を超えて、意識的に新しい考えを受け入れてみる。

そしてはじめは慣れないので、遅い思考を使って手探りの状況で試行錯誤する。

徐々に思考が慣れてきたら、いつのまにか新しい思考も含めて自分のものになっている。

つまりこれまでできないと思っていた新しい思考が、いつしか自分の中で既存の思考になり、さらに無意識でできるようになっているのです。

この取り組みを定期的に意識的に行うことによって、人の脳は常に思考の領域が広がり、考える枠組みがどんどん広がり、バージョンアップすることができるようになります。

守、破、離

これまでお話した通り、物事を習得する場合、過去の経験や知識が邪魔をして、なかなか身につかない場合があります。その場合、いったん忘れることも大切です。空手でも剣道でも書道でも、お茶でもお花の世界でも、修業を積んでいく過程に、いわゆる「守、破、離」のプロセスがあります。

守。とにかく基本を馬鹿にせずに、1から10まで手取り足取り型通りに行います。**型通りに行うことで、これまで無意識に行っていた自分のやり方を棚卸しすることになるでしょう**。そして、同時に習った型通りに行う難しさとやりにくさを痛感するはずです。型通りに徹底的に行うということは、無意識に脳で処理された思考や行動パターンを意識化することにつながります。基本を受け入れて、これまでのやり方をいったん忘れ、新しい型を受け入れる。まさに自分の中にあるバカの壁を認識し過去の自分と対峙させ、新しい思考や行動パターンを半強制的に受け入れる取り組みです。守は一見、型通りで融通が利かないやり方だと思えるでしょうが、実はとても大切なプロセスなのです。

破。型が身についた時点で破る取り組みです。守のプロセスをしっかり踏んでいることが大前提です。型通りに自分を当てはめた結果、さまざまな型以外の取り組み方や思考方法を考え整理し比較してきたことでしょう。型通りに行ったからこそ、それ以外の取り組みが可視化され、自分の中で言語化されたのです。破るプロセスでは、その中で、自分が見つけ出した新たな視点や方向性で試す取り組みを始めるのです。

そして離。守と破の次のステップ、型から離れていくプロセスです。始めから我流で行うこととは全く異なります。基本がしっかりできているからこそ、オリジナルが芽生える。そんなイメージでしょう。

守破離のプロセスを例えに出しましたが、大切なことはそもそもの型を知ること。「無意識

図14　人は無意識に自分の視点を持っている

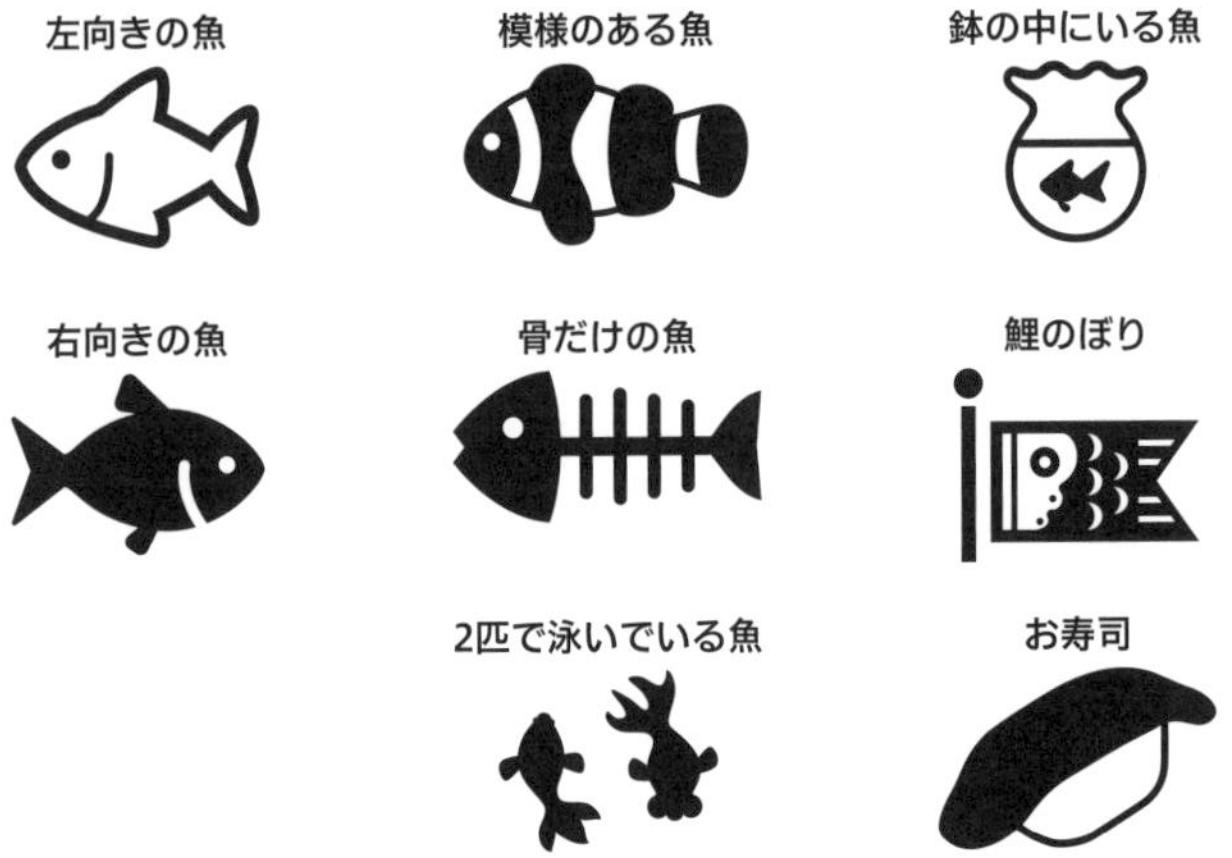

に自分がどのように考えているのか？」を理解し、それを体系化して捉える。無意識から意識の世界に入ることで、自分の考え方や特徴を俯瞰して見ることができます。意識的に自分の考え方を体系化すると、意識的に新しい考え方が見えてきて、受け入れやすくなります。そして、その新しい考え方が身につき、なじみ、当たり前になったとき、その新しい考え方が無意識にできるようになるのです。

視点によって考え方も異なる

視点が異なれば、考え方も異なります。何か悩んでモヤモヤしているとき、見る視点によって、立場の認識や捉え方が異なります。虫のように小さく、焦点を絞り込みすぎたときは、鳥のように高い視点から俯瞰してみたり、反対に高すぎてぼやけてきたら、虫の視点に戻ってみたりします。

先ほどの魚の絵を描くゲームを思い出してください。読者の多くは左向きの魚を一匹描いたことでしょう。人によっては右向きの魚を描き、斜めから見た立体的に口をあけた魚を描いた人もいるでしょう。

また、一匹ではなく、複数の魚が泳いでいる様子を描いた人もいるかもしれません。魚と聞いて、魚の卵を描いたり、稚魚を描いたり、老いていく魚を描くこともできます。鯛やスズキ、ヒラメやふぐといった魚の種類を明確にイメージして描いた人もいるかもしれません。

人は魚を描く際に、意識的か無意識かは別にして、特定の視点をみています。たとえば、向きという視点。右、左、上、下、前、後ろ、斜めなどがあります。数という視点には、1匹、2匹、3匹と数字が続きます。種類という視点には、鯛やスズキ、ヒラメなどいろいろあります。生きている魚と調理された魚という視点があれば、その人は魚の料理を描くかもしれません。魚の住処という視点だったら、海水に住む魚、淡水や汽水域に住む魚とバリエーションが広がります。

人は無意識に1つか複数の視点を持ち思考しています。**自分の思考のアウトプットを変えたければ、異なる視点を意識することです。**これにより、自分の思考をコントロールできるようになります。

別の事例でみていきましょう。たとえば、「お金持ちから税を多めにとろう！」という考え方があったとします。このお金持ちも「高額所得者なのか？」「資産家なのか？」という視点によって異なります。ある期間（通常は1年間に着目するでしょうが）に稼いだ所得が他の人と比較して相対的に高い人が高額所得者です。これはフローが多いと表現できます。一方、土地や不動産など、ある時点で他者と比較して相対的に多い資産を持っている人が資産家です。これはストックが多いと表現できます。

フローとストックは、片方が期間、片方は瞬間と、異なる視点でみています。仕事をしていないのでフローは少ないけれどストックで食べている人は、フローの視点で言えば、お金持ちとは言えません。高齢者に多いパターンです。一方、バリバリ働いていてフローは多いけれどもストックを持たない人は、ストックの視点で言えば、こちらもお金持ちとは言えません。

お金持ちから税金を取るという発想も、「フローとストックのどちらをベースに議論をしているのか？」という見方によって、全く異なります。

物事を考えるとき、「どのような視点があるのか？」と事前に全体像を捉え俯瞰して考え、さまざまな視点や立場から同様の事象を検討することが大切なのです。

結びつけて考える

誰かに新しい視点や概念、考え方を説明する際、そのまま話しても伝わりません。理由は、伝えている相手が、その概念やアイデア自体をイメージできないことにあるからです。そのために心がけることとは、**相手が分かったつもりになるように伝える**ことです。

「なんか難しそうだな？」「何を言っているのかな？」となると、聞き手の頭の中に「分からない！」という状況が作り出されます。それを防ぐためには、相手が知っている概念に当てはめて伝えるのです。例え話を使えば、まずは相手にイメージをつかんでもらえます。

一度、共通のイメージができたら、相手の脳が刺激を受け、興味を持ちはじめます。頭が情報を受け入れる状態になるのです。そのタイミングで次は事例を話します。業界の話であったり、他業種の事例であったり。そして、最後に当人の課題に当てはめて理論や理屈、概念を説明します。

トヨタ自動車はさまざまな車種を作っていますが、フェラーリはスポーツカーに特化しています。同じように、洋食、中華、日本食などあらゆるジャンルの料理を作る定食屋があれば、限定したメニューしか出さない飲食店もあります。どちらが正しいという選択ではなく、どちらかを行うという意思決定によってあり方が決まります。これは競争戦略を決めるときに最も重要な意思決定です。

「ファミリーレストランのように、沢山の人に次々と料理を提供する仕組みを作るのか?」
「高級料亭のように少数の顧客に限定するのか?」

あるいは、不動産業会であれば、
「注文住宅のように、毎回オリジナルの家を設計するのか?」
「同じ仕様と設計と間取りで100戸、500戸と住宅を提供するのか?」

これも競争戦略の軸を決めるときの例えとなります。

アナロジー（現在持っている知識を応用して、同じような物事を類推すること）はとても有用なツールです。理解を促進させることも、発想を生み出すこともできます。ポイントは、難しく考えないで単純化して考えることです。

次のような会話が行われていたとします。

「そもそも新しい発想とはどのように生まれるのでしょうか？」

「とても創造力が豊かな人がいて、ゼロから誰もが思いつかないアイデアを生み出すとか？」

この答えは正しいでしょうか？　きっと、このような超天才児は例外中の例外でしょうね。

そして私のような凡人には何もないところから発想することはとても困難なことです。

では、**人はどのように発想するのでしょうか？**

ひとつは、**既存の知識を組み合わせる方法**です。全く新しいわけではないのですが、既存の知識を組み合わせることで若干違う発想が出てきたり、全く異なるアイデアが出てきたりすることがあります。このような組み合わせは、意識することで誰でも生み出すことができます。

もうひとつは、**自分の中の殻を破ること**です。「絶対こうだ」「これは決まっていることだ」「業界ではこうだ」と当たり前になっている仕組みを、「じゃあ、そのルールを破ったら?」「その業界をはみ出したら?」「全く違う概念で考えたら?」と殻を破ったらどうなりそうか自分に問い正すのです。ナインドットのゲームを思い出して、成功体験を忘れ、枠の外に出てみるのです。きっと、同じものが全く違って見えてくるでしょう。

アイデアの発想には、知識や経験が必要ですが、さらに重要なことは、それらを意図的に結びつけて、今いる場所とは全く違う世界を考えることです。全く異なる業界や概念を自分の仕事や生活に結びつけて考えることです。

視点を鍛えるために意識すべき3つのポイント

図15　情報の入力と出力

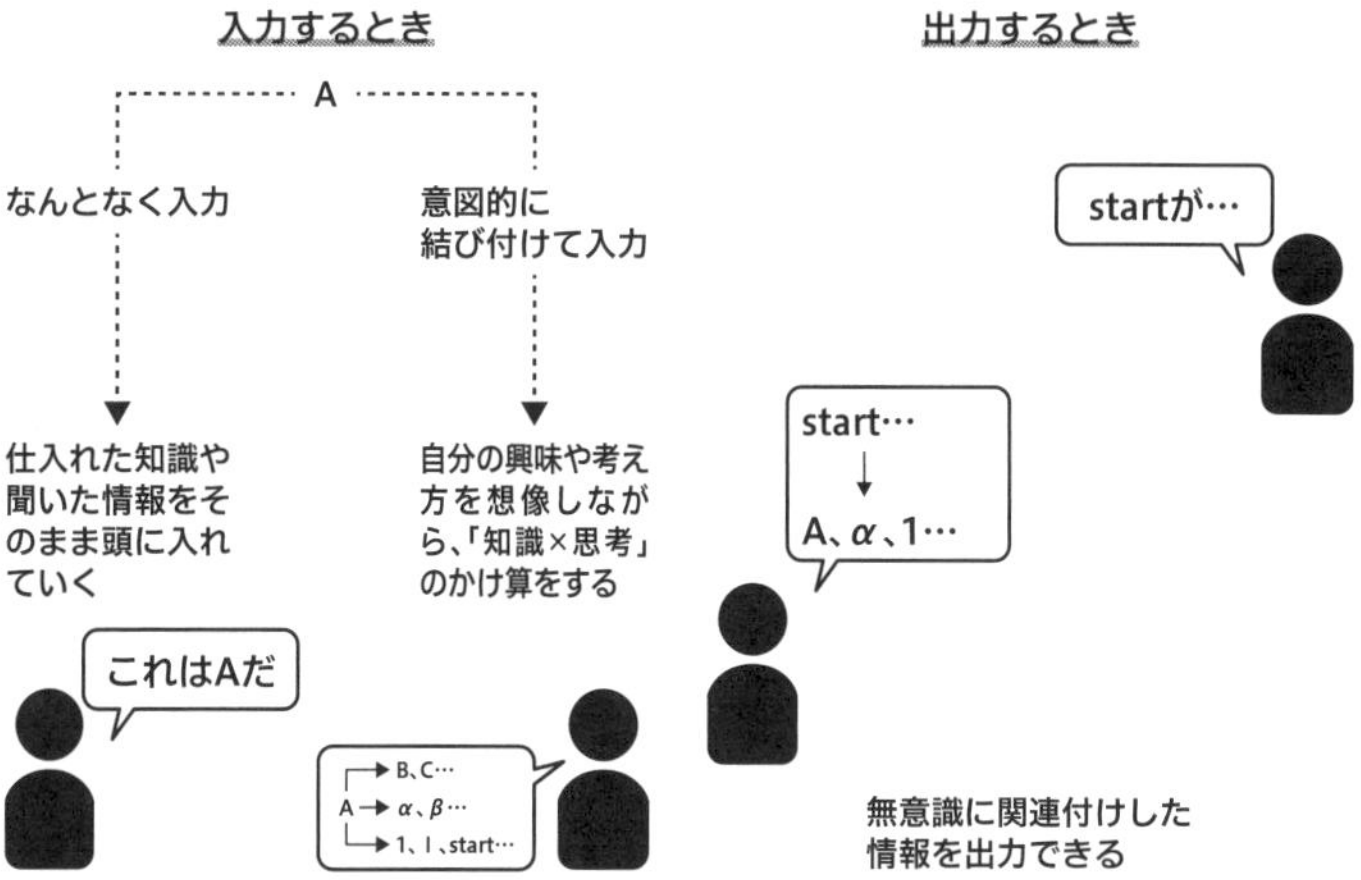

クライアントとの仕事の中で、新しいビジネスのコンセプトを考えたり、傾いているビジネスを立てなおしたりすることがあります。そのようなとき、「えっ！　何でそんな発想がでるの？」とか、「おおっ、それは盲点だ！」などと言われる瞬間が良くあります。

そんなブレストを行った会議では、いつものように「どこから情報収集をしているのか？」と同じ質問をいただきます。確かに、意図的に情報収集をしているサイトや雑誌、新聞はありますが、**他の人と違うのは収集した情報を自分の脳を使って勝手に仮説を立てて、自分なりの考えを持つことを習慣化していることです**。恐らくこれが役に立っているのだと思います。

情報収集をした段階では、それぞれの情報は知識にしかすぎません。しかし、私はその知識を自分の頭の中に入っている情報をベースに考えながら、自分なりの発想を持つようにしています。つまり、**「知識×思考」**という掛け算を意識的に行っているのです。

図15は、知識を入力する際の2つの方法を示しています。なんとなく入力する方法と意図的に結びつけて入力する方法です。後者の入力が「知識×思考」という掛け算を意図的に行うやり方です。

なんとなく入力する方法は、仕入れた知識をそのまま頭に入れていきます。何も意識しなければ普段はこの方法を取ると思います。Aという情報をAと入力として脳に格納します。

意図的に結びつけて入力する方法は、仕入れた知識や聞いた知識に自分の興味や考えを想像しながら入れていきます。Aという情報を入力するとき、「Aはアルフェベットの最初の文字か。だったらBやCやDなどもあるな」とか。「ギリシャ文字のAに相当するのはαかな。これはβやγと続くかな」とか。「Aは始まりを意味するのか。他にギリシャ文字のα、数字の1、ローマ数字だとI、英語ではstartだな」などです。

なんとなく入力する方法と比較して意図的に結びつけて入力する方法は、少々ややこしく感じますが、慣れてくると頭の中では瞬時に色々なことを考えますので、あまり負担になりません。そして何よりも良いのは、引き出すときです。なにかのきっかけで「start」という入力があったときは、脳が自然に反応して「ＡやＩや１やα」などが無意識に想起され思考が活性化するのです。

もちろんこのアウトプットは、あくまでも自分の仮説にすぎません。しかし１つの入力に対して自分の仮説が複数出るようになると、使えそうなアイデアやビジネスモデルがどんどん出てくるようになります。そして、**このような思考方法を継続するうちに、さまざまに、効果的にアウトプットが出せるようになるのです**。

さまざまな視点があれば、知識や経験や考えたことなどを成果に結びつけることが可能です。知識を表す偏差値と、視点を違えてみる力は異なります。例えば、TOEICが８００点だからといって、現地の人とコミュニケーションができるかといえば違う場合もあります。その一方、６００点でも十分にコミュニケーションが取れる人もいます。後者の人は視点が広いのです。

コンサルティングの仕事は、さまざまな業界、さまざまなケースに対応して成果を出さなければ報酬をいただけません。そして、提案する内容はこれまで誰かが考えたような内容ではないことがほとんどです。Googleで調べても出てきません。仮に、似たようなケースがあっても、実際の提案内容は全く異なります。しかし、それらをベースに成果を出すことが要求されます。これは視野が広くなくては達成できません。

視野を鍛えるために、常に意識していることが3つあります。

❶知識や経験や考えが、常に成果を達成するための行動に結びついているか？
❷この行動は効果的に達成できるように常に工夫し続けているか？
❸その行動は成果を明確にイメージして効率的に達成することを目的としているか？

日々、このようなことを考えながら、さまざまに興味を持っていくことが、結果的に自分の視野を鍛えることにつながっているのでしょう。

第3章 考える力

「何事であれ、最終的には自分で考える覚悟がないと、情報の山に埋もれるだけである。」

（羽生善治）

本章では、そもそも考えること、頭を整理することとはどのようなことなのか、について書きました。実は悩んでいるときというのは、自分の思考を働かせていないことがほとんどなのです。

- 自分の頭で考える
- 因果関係を整理する
- 複雑にしないで単純化して考える
- 思考を視覚化して「なんとなく」を退治する
- 具象と抽象を行き来する

考えることからはじめよう

私の仕事は人の頭の中を整理することです。どのような仕事をしているのか聞かれたときは、コンサルティングという言葉を使うよりも、「ビジネスのモヤモヤをスッキリさせる仕事をしています！」と伝えています。何かを深く考える場合、具象的に表現するよりも抽象的に表現することで思考の幅が広がる場合があります。結果、クライアントのイメージに合致し、キャッチーに響くのです。

人は多くの場合、表面的な現象を問題としていますが、これは頭の中が整理されていないからです。例えば、次のやり取りは良くある相談風景です。

「価格設定はどうしたら良いでしょう？」

クライアントからのこのような質問に対して、いろいろとお話を聞いていると、

「誰に対しての商品なのか？」

「なぜ、そのような商品を提供するのか？」

「どのように販路を広げていこうと考えているのか？」

など、何もまとまっていないことがよくあります。

また、

「ビジネスを行っている環境がどうなっているのか？」

「どんな競争相手がいて、どのような仕組みで自分たちが利益を上げているのか？」

「何がポイントで顧客が対価を支払ってくれるのか？」

など、多くの部分が議論されていなくてあやふやな状態なのです。


これらの質問をすることで、相談者の考えを整理しています。

良くある落とし穴としては、何か1つの部分に焦点を当てていて、全体を考えないで部分最適になっていることです。


考えて整理するということは、全体像をふまえて大枠を整理したうえで、何をどのようなステップで考えるのか、その道筋を明らかにすることです。これを一人でやることはなかなか難しいのです。そのために、他者と議論をしたり、チームで考えたりして補完します。私の仕事も多くの部分は、ここに価値があると考えます。

例えば、ビジネスの環境を考える場合、沢山のセオリーやフレームワークが存在します。先ほどの例でいえば、環境分析。マクロ的な発想とミクロ的な発想でビジネス環境を切り分けて分析する手法です。

マクロ的な発想は政治や経済、社会や技術、環境やエコ、それから法律や規制の変化に着目します。そして今起きている変化や過去からの流れで、将来自分たちの事業にどのような影響があるかを大きな視点で考えます。

ミクロ的な発想は、顧客や市場、競合や代替する商品、そして自社のことに着目し、業界や関連する業界の視点で分析します。

それから、商品や価格など何かを考える場合は、「特定した市場のどのセグメント（ニーズや顧客などの区切られたまとまり）をターゲットにするか？」、そして「自社のポジションをどうするか？」を確認します。その上で、商品や価格や流通やプロモーションなどの要素を確認します。さらに、購買後のフォローや、再びリピートして購買するまでの導線や取り組みを考え、最後に全体の整合性を整理していきます。

上記の内容は、何冊か経営の本を読めば誰でも知っている知識です。しかし、実際に経営の問題に直面すれば、簡単に使いこなすことはできません。**自分の周りで起きている事象と知っている理屈や理論とが結びつかず、頭がごちゃごちゃになり、うまく整理できなくなるからです**。

それでも、私が引き受ける多くの相談内容は、ちょっとした理論をベースに整理するだけでも「何をしなければならないのか？」の糸口が見えてきます。そして、ほとんどのクライアントが口を揃えて「スッキリした！」と喜んでくれるわけです。

では、どのように理屈や理論をベースに、実際の事例にあてはめて考えることができるようになるのでしょう。このモヤモヤ感をスッキリするために、「考える」ことを考えるところから始めましょう。きっと何かの糸口がみえてくることでしょう。

理屈とは何かと何かを結びつけること

経営学にアレルギーを示す人の中には、「経営は単なる学問として片付けられるほど単純なものではない！」と主張する方も多いでしょう。たしかに、頭の中で考えたことが１００％うまくいくことはほとんどありません。しかし全体の２割くらいは説明することができると思います。そして残りの８割くらいは経営者の勘や経験がモノをいう世界かもしれません。

８割の世界は理屈で表現することが難しい世界です。しかし、勘や経験や運だけで物事を継続しているのであれば、自分を含めて、「なぜ成り立っているのか？」が良く分からないものです。**自分が分からないということは、きっと他人に説明しても伝わらないでしょう。**

一方で、自分が感覚的に行っている行動や経験を第三者に上手に伝えることができる人がいます。このような技を持っていたら、自分の成功要因を他人に伝授することができるため、生産性が上がります。自分のコピーを生むこともできるし、自分のアイデアを他人に実現してもらうことも可能です。組織の力を最大限に活用することにつながります。

経営学のような理屈とは、何かと何かを結びつける考え方なのでしょう。

つまり、**因果関係を明らかにすること**です。

自分の経営を振り返り、「なぜ成功したのか？」「なぜ失敗したのか？」「さらに成功するためには何をするのか？」「失敗を事前に防ぐためにはどうするのか？」など現状と将来の結果を結びつけて考える必要があります。これこそが理屈であり、そのときの考え方をサポートするのもまた理屈です。

つまり、**何も知らない手探りの状態で現状と将来を結びつけていくよりは、自分なりの理屈をもって、体系的に考える過程で思考が整理されるのです。**

このように考えてから行動することで、将来の目標を実現する可能性が高くなります。

経営学と実際の経営を結びつけて考えるときも同じです。現象はコロコロ変わりますが、考えるための根底やベースとなる考え方、つまり理論は変わりません。**変わらない理論を知っていて経営を行っているということは、軸足が固定されてパワフルに経営ができるということです。これは人生に置いても活用できます。**

単純化されているフレームワークは誰でも使える

今日からすぐに使える実用知識というのはたしかに有益ですが、すぐに使えるからこそ、明日になると陳腐化してしまい、自分の頭から抜け落ちています。重要なことは「原理原則の理解とそれを使っていかに考え抜くか?」ということです。

領域を限定し、考える軸を設定することで、四六時中そのことを考え続けることができます。持続的に1つのことを考えていると、いずれ夢の中にも出てきます。それくらい考え続けると、1つや2つは解決策が出てきます。

ただ、その時に考えるベースが必要です。それは理論ではないかと感じます。理論は普遍的だからこそ、どのような業界でも恒久的に活用することができるのです。

世の中の流れを読みながら何をするのか、他人と違うことを考えながら実行します。マーケティングはそのためのセグメンテーションの概念があり、ターゲティングの概念があり、ポジショニングの概念があります。

マーケティングのSTP理論やマーケティング・ミックスという概念、アンゾフの成長マトリクス、クロスSWOT分析、ポーターの競争戦略である５-フォース分析やバリューチェーン分析など、考え倒せば素晴らしい解決策を導き出せる考え方がたくさんあります。

素晴らしい理論は単純化されているため、簡単であるからこそ万人が使えるというメリットがあります。何かを考えながら、無意識のうちにその概念を表現するフレームワークを選択して当てはめてみます。フレームワークが常に頭の中に入っていて、必要な瞬間に引き出せるくらいまで何度も何度も考えてみるのです。

理論が簡単であれば他人への説明も簡単です。理解したことを納得してもらえれば、人は行動します。「実現するために、どんなことを調べればよいか?」「どんな人と結びつけばビジネスが成立するか?」「実現するためには何が足りないか?」など、ゴールを達成するためのアイデアをどんどん考えます。

これらのアイデアを事実ベースで検証しながら行動します。物事を深く考えると、自然と上記のような行動がとれるようになるのです。そして、それを行うためにあったほうがよいのが理論の習得や理解です。

すでに経験や長い歴史をたどった人は暗黙知的に理論を習得しているかもしれません。しかし、学習によって経験や歴史といった時間を買うことができます。学習は、疑似体験のようなものです。その擬似的な体験で得た知識をベースに身の回りに起こっていることや、会社で起こっていることに当てはめて考え倒すことを繰り返すことによって身についていくものだと思います。

物事の本質は単純

物事の本質は、極めて単純明快です。**複雑に見えるのは、その周りに人の感情や雑念などの関係ない要素が絡み合っているだけです**。複雑に感じれば、いくら頭で理解できていても、実際に行動するのは大変です。

誰もが複雑に考えている代表選手ともいえるダイエットを例に考えてみましょう。

本質は極めて単純です。人の活動をカロリー摂取とカロリーの消費に分け、両方のバランスを取れれば成功です。太ることは、どちらかのバランスがとれていない状態です。カロリーの摂取が多く、カロリーの消費が少ない。このことを頭では分かっていても、コントロールすることが難しいのです。

実際、摂取したカロリーは顔についたり、腕についたり、お腹についたりと、偏りがあってバランスは悪いといえます。意識して消費しているつもりなのに、意識していないところに蓄積します。私の場合はお腹周りです。

友人のプロレスラーに、お腹周りの肉を落とす方法を聞いてみました。「気合いだけではダメだ」、「確実にその部分に負荷をかけてトレーニングしないと、なかなか落ちない」、そして一言、「歳には勝てないこともある」。

何よりも、人は基礎代謝以上に食べ物を食べてしまうと、それを運動で消費するのは極めて難しいのです。その意味でダイエットの秘訣は食事のコントロールが鍵になります。しかし、実際は摂取の部分をコントロールできていないことに気づきます。

好きなものはたくさん食べたいし、ついつい大盛りと言ってしまうものです。

頭ではダイエットしないといけないと分かっていながらも、次のようなことを考えてしまうのではないでしょうか？

「大盛りはお店の利益につながるし、自分は少しの価格アップでボリュームが倍になるお得感が得られるから、今回はいいよね……」

などと勝手な理屈を並べ、自分の行動を正当化してしまっていませんか？

でもこれはダイエットとは全く別の話です。ダイエットはエネルギーの摂取と消費の話であって、ビジネスの話は全く関係ありません。

このように、人は簡単な理屈のうえに勝手な新しい理論を結びつけて考えてしまうのです。それが全く関係ないことと知りながらも、因果関係がありそうだと勘違いしています。最後は何がなんだか分からなくなって、思考がまとまらず、「やっぱりダイエットは大変だ！」と結論を決めつけてしまいます。

考えることもダイエットの話も、本質的な部分は同じです。頭で分かっていても、勝手に複雑に置き換えてしまうのです。考えれば考えるほど複雑になっていきますが、考えることの本質は単純化することです。

「考える」ことを考える

考えることを考える。

哲学的ですが、考えること自体を楽しんでも仕方ありません。より自分をハッピーに、今よりもっと楽しくするために考えるのはどうでしょう。

そうすると、先に楽しんでいる自分、満足している自分がいます。

次に、「そこに近づくためにはどうするのか？」という設定したゴールと現状を明らかにします。

この、**達成する過程や道筋を明らかにすることが、考えることの醍醐味になります**。考えるための基本は、疑問を持つことであると表現されます。その第一歩は、「自分は何がしたいのか？」「どこに行きたいのか？」と自問自答することから始まります。

図16　現状とゴールのギャップを明らかにする

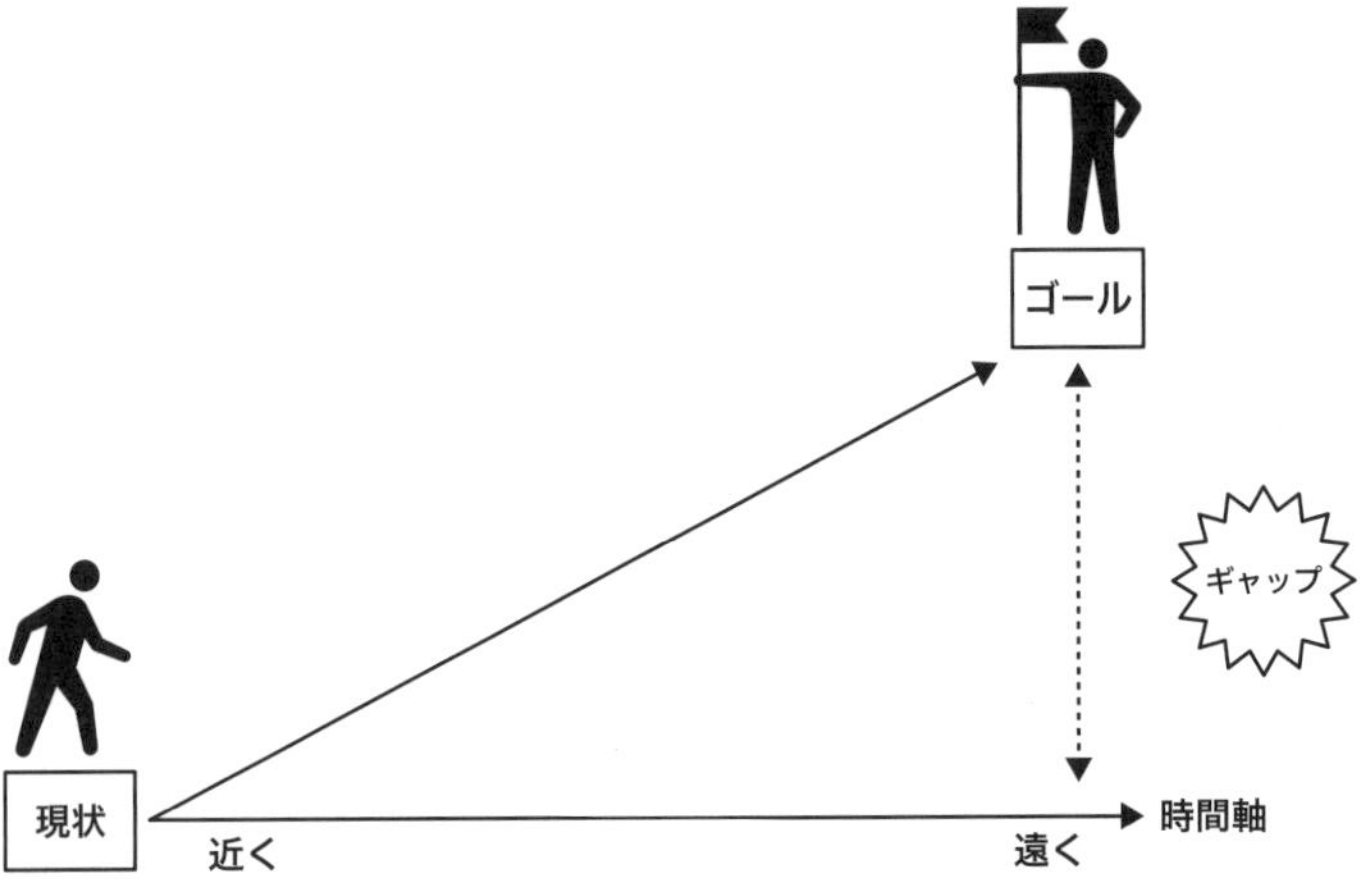

ゴールと書くと非常に単純ですが、そのイメージを深掘りして、さまざまな角度から見ていきます。タイムマシーンに乗って、将来の自分を観察するように、自分が何を考え、何を食べ、誰と接しているか、どのような日常を過ごしているか、どんどん考えていきます。ぼんやりなんとなく考えている将来像の輪郭を徐々にハッキリ具象化します。

時間軸で遠くを見たら、次に近くを見ます。将来の自分と現状を比較するためです。現状を見るときもなんとなく調べるのではなく、さまざまな視点から現状の自分や状況を確認します。遠くと近くが見えたら２つを線で結ぶイメージです。

ゴールイメージが明らかであればあるほど、現状の自分とのギャップがハッキリ見えてくるでしょう。ギャップが明らかであれば、将来のゴールに近づく確率が高くなります。後は、そのギャップをどのように埋めるかを考え、実際に行動するだけです。

ここで考えるべきは、何かの事象や目標などについて実現させる過程や行動を示すことです。簡単に表現すると、２つの間の因果関係を明らかにすることです。そのためにそれぞれ２つの対象となるものの意味を知り、あるいは意味づけを行います。これはとても理性的で、脳や心をフルに使う活動です。

ポイントとしては、第1章でお伝えしたように、図にしたり、文字にしたり、絵を描いたり、考える過程において何らかの方法で考えた内容を見えるようにすることです。暗黙知から形式知にする作業です。形式知にして言葉で表現することで、さらにイメージを具体的に持つことができるようになります。

そう、人間は言葉によって思考する動物なのです。

効率的に効果的に成果を上げ続ける

「理屈で考えたことなんて後付け理論だ！」と、頑なに否定する人がいます。確かに理屈は後付け理論かもしれません。しかし、先か後かは別にして、理屈にあてはめて整理すること、もしくは自分なりの理屈を作って整理することが大切なのです。

例えば、ある事象において、なんとなく成功したとします。もし、そのなんとなくの要因が体系化できない、何らかの因果を見出すことができなければ、なぜ成功したのかを特定することは難しいでしょう。

全てをひとりだけで完結し、同じような事象を二度と行う必要がなければさほど問題ないことですが、ビジネスの世界では違います。**同じような事象を繰り返し高い確度で達成することで、効率的に効果的に成果を上げ続けることができます**。また、組織で行うことで、その成果の規模を大きくすることができます。ひとりでできることには限界があるのです。

成果を上げるために、理論を活用するという1つの選択肢があります。なんとなく成功した要因を、理論に当てはめて、なぜ成功したのかを考えてみるのです。フレームワークの発想です。

もちろん、さまざまなフレームワークがあるので、どのフレームに当てはめて考えるかは当人のセンスや知識が必要です。しかし、枠に当てはめて考えることで、物事を単純化して考えることができます。ぴったり当てはまる枠が存在しない場合は、過不足の部分を新たに考え出し、例外として捉え、自身のオリジナルの考えを付け加えると良いと思います。

すると、なぜ成功したのか分からずこれまで漠然と思っていたことに対して、筋道が見えてくるものです。**筋道が見えるということは、また成功するためには、何をどのように行動すると良いのかが分かるということです。**

もし該当するフレームがない場合はどうしたらいいでしょうか。

今度は単純化する中で、「なぜ成功したのだろう？」と考えるうちに、持論として整理できるようになるかもしれません。これが理論化です。成功した理由を整理して、再現性を持たせる方法を考えるのです。

図17　仮説と検証

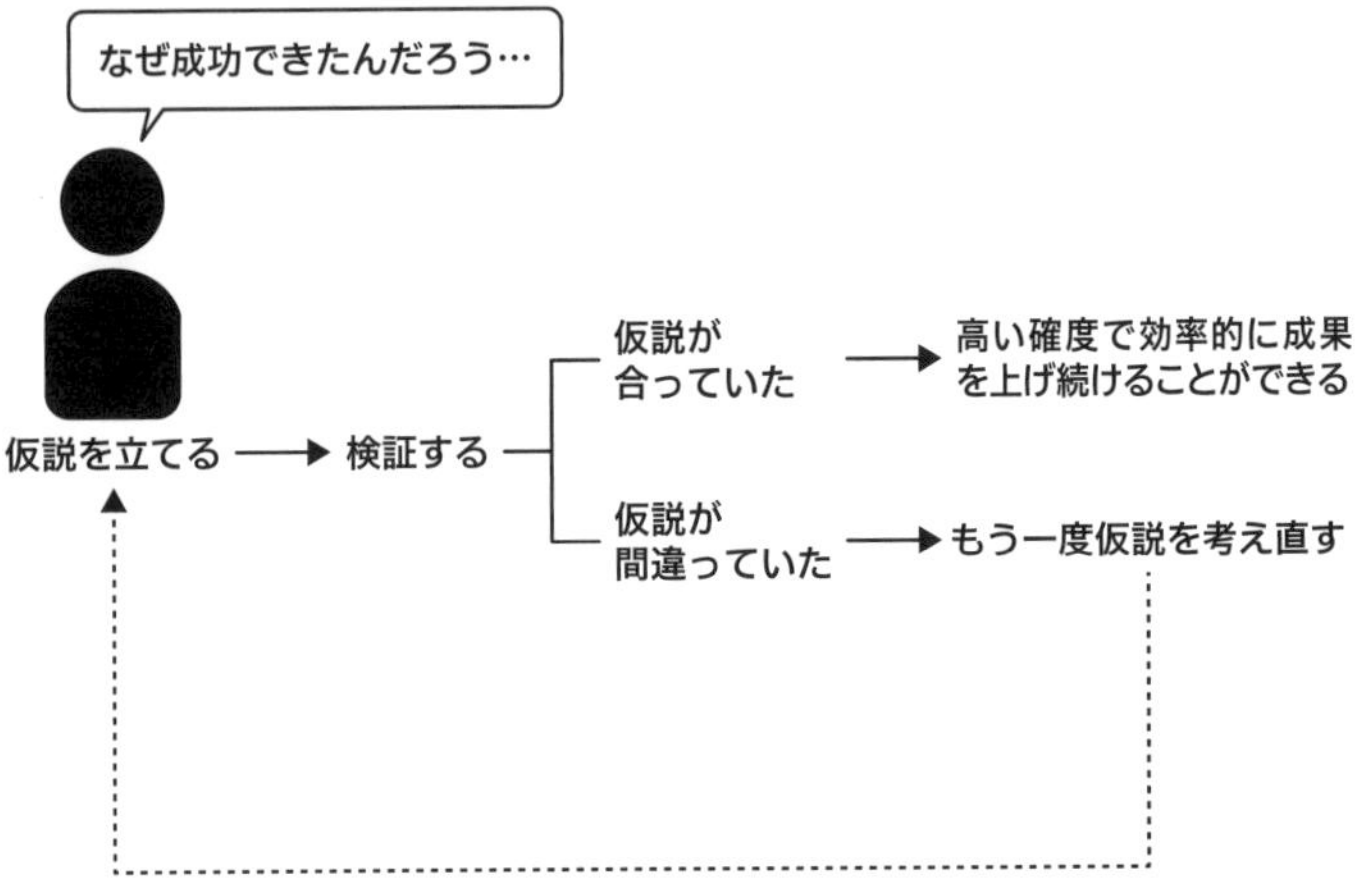
なぜ成功できたんだろう…
仮説を立てる
検証する
仮説が合っていた
高い確度で効率的に成果を上げ続けることができる
仮説が間違っていた
もう一度仮説を考え直す

全ての理論は仮説です。ただ、仮説によって、成功しても失敗しても、常に「なぜ成功したのか？」「なぜ失敗したのか？」を途中途中で戻りながら確かめることが可能です。いわゆる検証です。すると、「次にもっと効率的に成功するためには？」「失敗した理由はなんだったのか？」などが見えてくるでしょう。

なんとなくのままだと振り返りもできませんし、それを活かすことも難しいでしょう。そのために体系化し、理論化し、整理するのです。

なんとなく。

この発想は今すぐ退治していきましょう。

視覚化して整理する

考えを整理する。

このことに関して、経営者、社員、個人など、役割に関係なく難しいと感じている人が多いようです。きっと多くの人が頭の中だけで考え、しかも並列的に複数の物事を同時に処理しようとしているから難しいのだと思います。

整理することは単純化することです。

自分の頭の中を一度引き出して、「何について表現したいのか？」「何について考えたいのか？」を紙に書きながら整理すると、案外簡単に糸口が出てくるものです。

「えっ？　紙に書くのが難しい？」

そんなふうに思う人もいるかもしれませんが、そんなことはありません。

頭の中には自分でもよく理解できない部分があると思います。自分を含めて、人が理解でき

図18　視覚化して整理する

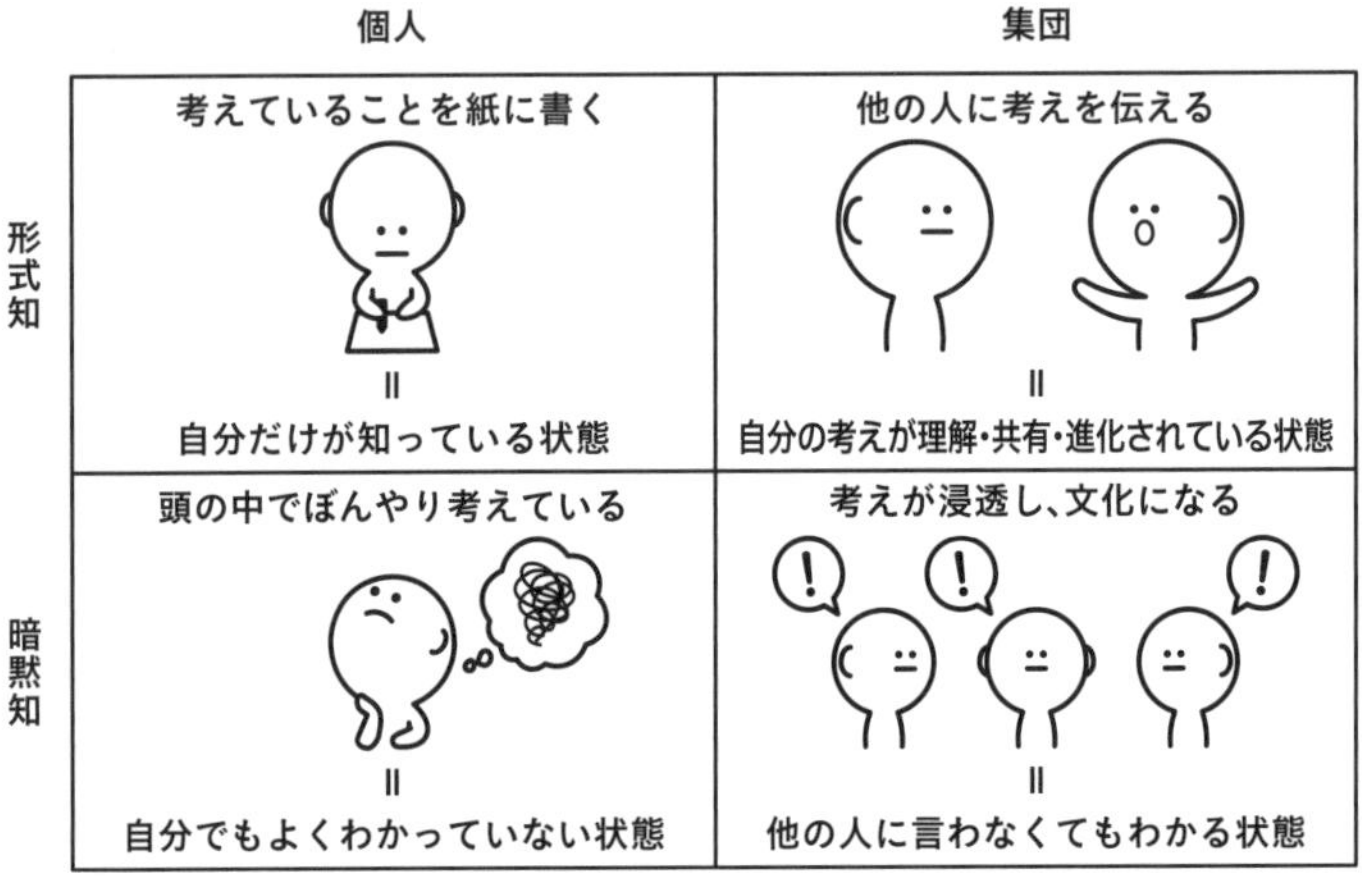
個人
集団
形式知
暗黙知
考えていることを紙に書く
=
自分だけが知っている状態
他の人に考えを伝える
=
自分の考えが理解・共有・進化されている状態
頭の中でぼんやり考えている
=
自分でもよくわかっていない状態
考えが浸透し、文化になる
!
!
!
=
他の人に言わなくてもわかる状態

ない内容を暗黙知としましょう。すると**個人の頭の中は暗黙知の塊です**。それを整理するのです。何でも良いから考えているキーワード、イメージ、単語、文章、絵をまず真っ白い紙に書いてみましょう。

ポイントは、**何でも良いのでまず書いてみることです**。**体裁もどうでも良い**です。とにかくはじめの一歩は気にしないこと。**人は基本、言葉によって思考しますので、頭の中のイメージを表現することで、今度はその一部をベースに考えを張り巡らせるようになります**。そして、また書いて整理することを繰り返すのです。

繰り返す中で思考が整理されます。頭の中で考えていることはいくつかの単純な組み合わせに分解されるのです。物事を複雑にしているのも頭の中です。複雑に考えるから考えがまとまらないのです。単純に考えると理解が深まり、思考を整理する作業もサクサク進みます。

もし書くことが苦手だったら、他人に話してみる方法もあります。書くことが苦手でも話すことはできるでしょう。これも同じで、暗黙知を形式化する中で整理されていくのです。

将来のビジョンを考える作業も、多くの人が暗黙知のままです。誰もが考えはしますが、それは頭の中だけに留まっているため、すぐに忘れてしまいます。そこでやっぱり形式化してみるのがおすすめです。メモ用紙に書くだけでよいのです。

紙に書く理由は、時間をかけて考えがブラッシュアップされることにあります。考えが未だ固まらない途中のメモを残すことで、またしばらく経ってからそのメモを見返します。すると**これまで考えたことが思い出され、その考えをさらに深掘りしたり、発散したりして、思考が整理されていきます**。もし、考えを視覚化して残さなければ、過去に考えたことすら覚えていません。毎回、ゼロベースと言えば聞こえは良いですが、堂々めぐりになってしまい思考が成熟しないのです。

頭の中の記憶はなかなか引き出せません。その引き出しを保管する機能がメモなのです。個人の頭の中は暗黙知です。メモなどで視覚化することで、形式知に変わります。形式知は自分も含め、第三者も理解できる内容ですので、ほかの人に対してもアイデアを伝えやすくなるでしょう。

コミュニケーションが苦手な人ほど、いきなり頭の中を形式化することなく、第三者に伝えようとします。これは自分でも整理ができていない状況のため、ほかの人が理解するのはさらに難しいことが分かると思います。

ちなみに、形式知に変換された情報が、組織の中で理解され、徐々に共有され、少しずつ進化する中で、最後は組織の中の暗黙知となることでしょう。

抽象を具象化する

頭の中は抽象的でゴチャゴチャしているので、具象化することも大切です。頭の中の整理をしながら、図や文字でその内容を視覚化します。**頭の中が視覚化できれば、状況が把握できま**

す。何に最も資源を費やすべきなのか、その判断ができます。判断ができれば、意思決定が早くなります。

具象化を理解するのに有名な、頭の体操としても役立つゲームがあります。ちょっと考えてみて下さい。

●ゲームのルール

４枚のカードがあります。

◎Aと書かれたカード
◎Dと書かれたカード
◎3と書かれたカード
◎6と書かれたカード

母音が記されたカードの裏には必ず偶数が記されています。この規則が正しいことを証明するためにはどのカードをめくればよいでしょうか？（※１：回答はこの項目の最後に記しています。）

このゲーム、思ったよりも正解率が低いのです。間違いとして多い回答例は、「Aと6のカードをめくる！」です。「うーん」、と言わないで、続けて別の頭の体操を考えてみて下さい。

「4人のお客さんがバーで飲んでいます。コーラを飲んでいる人。16歳の人。ビールを飲んでいる人。25歳の人です。さて、法律を守っているかどうかを調べるためには、誰の身分証明書を見ればいいでしょうか？」

こちらのゲームは簡単ですね。実際、ほとんどの方が正解します。

答えは、ビールを飲んでいる人と、16歳の人です。

それでは、1回目のゲームと2回目のゲームを比べてみましょう。**実は全く同じ問題である**ことがわかります。このゲームはウェイソン選択課題を進化心理学者のレダ・コスミデスとジョン・トゥービーによって考えられた問題です。何が違うかといえば、**1回目のゲームは抽象的な数字で、2回目のゲームは人間が登場して具象化されています**。つまり、**論点を絞って考**

える場合、人は抽象的な概念よりも、具象的な概念のほうが理解しやすいのです。

これはまさに概念化能力のなせる技です。概念化能力とは、ハーバードのロバート・カッツ氏が唱える3つのスキルのうちの1つであり、頭の中を整理して、概念を人に説明するときの能力や問題解決能力です。頭の中で、抽象的な内容を具象化し、物事をフレームワークで整理し、体系化して捉える能力です。

難しい事象は具象化して捉える。Aと捉えないでビールと捉えて考えてみるのです。
※1：Aのカードと3のカードをめくる。

考える力を育てる

デンマーク、スウェーデン、フィンランドなど、北欧の国々が近年著しく成長しています。この国々の共通点は、「**考える力**」を重点的に伸ばす教育に力を入れたことです。

特にデンマークでは、教育現場において**「答えを与えること」は、生徒の「考える権利」を奪う行為**だとしています。この考えはコーチングそのものです。

唯一の正しい答えなど存在しません。これまでは、教師が答えを持っていて、その答えを生徒に与えるというルールが教育でした。しかし、ここにパラダイムシフトが起こります。新しいパラダイムは、「考える力」を伸ばすことです。

企業で行う仕事も同様です。新入社員に対して、上司から正しい答えを与えられ続ける社員は、やはり「考える権利」を奪われていました。**ポテンシャルが高かった新入社員はいつしか考えることを忘れ、一定の年齢に達し管理職のポストについたところで、もはや自分で判断できなくなるのです。**

先ほどの例はすこし言いすぎですが、「考える」ことは習慣です。急に「考えろ！」と言われても限界があります。「役割が変わったから考えろ！」と言われても対応しきれません。**大切なことは、環境変化の中で常に「何をすべきか？」「どうしたいのか？」を考え抜くことです。**冒頭の国々は、変化の中で「何をすべきか」を考えることで確実に成長しています。**企業が成長するには「言われたことをどうやるか？」という発想ではなく、問題解決のために「何をするか？」を考えることです。**そのためにも、「考える力」を持つ人材は必要です。

私は作業と仕事を分けて考えています。

日々、上司や先輩から言われた内容をただこなすこと。これは作業です。ＡＩや機械の急速な発展の中、やがてこれらの作業は全て置き換えられるでしょう。一方で、毎日のルーチンワークであっても、「もっと楽にする方法はないか」「もっと効率的に行うことはできないか」と常に考えながら取り組む人は、何らかの提案を常に持っています。そして、**組織に対して提案し続けることこそが、仕事だと思うのです**。

「考える力」を身につけるためには、日頃から、そして若いうちから一定の責任と役割、そして権限を持った立場になったつもりで「自分だったらもっとこうする」などと常に考えて、どんどん提案を繰り返し続けることが近道なのです。

そして会社側の人間は、社員に考える力を身につけさせるために、日頃から、若いうちから一定の責任と役割や権限を与え、自分ごととして仕事を捉えて判断できる環境を提供することも大切です。

第 4 章 方向性

「重要なことは、正しい答えを見つけることではない。正しい問いを探すことである。間違った問いに対する正しい答えほど、危険とはいえないまでも役に立たないものはない。」

（ピーター・ドラッカー）

本章では、そもそも「自分がどうしたいのか？」をどのように見つけるか、そして「なんとなく考えていること」を「どのように深掘りしていくのか」について整理しました。

- 大きな方向性を決める
- やりたいことを見つける
- 遠くの目標と近くの目標
- 小さくはじめて振り返る

大きな方向性を決めることはとても大事

経営陣と戦略立案の議論を行う際に、「**戦略とはなんでしょうか？**」と質問を投げかけます。次に「**その目的は何ですか？**」と問いかけます。

自分たちで起業して会社を作り上げた方々は、企業の目的は長期的な視点で達成するためのミッションやビジョンを意識します。

一方、途中で経営に参加した方や、役割が徐々に高くなり今の地位についた経営陣は、短期的な目標達成をゴールと捉える傾向が強いです。

戦略という言葉はよく聞き、よく使いますが、難しい言葉です。一般的には、「特定の目標をクリアするために、長期的な視点で達成するためのシナリオを考える技術や態度」として説明されます。英語表記だとStrategy。こちらの対訳だと、特定の目的に対する枠組みや方向性です。したがって、ことばそのものの理解としては「**方策**」がフィットするでしょう。

企業規模が大きくなれば、「企業の目的」が薄れてきます。代わりに時間軸では短めの目標達成がゴールになります。四半期ごとに成果を評価され、複数の事業を動かすのが大企業なので、仕方がないことかもしれません。しかし、組織としては１つの目的の達成のために、複数の事業を動かしているのです。そのため、それぞれの事業の目標達成が、企業のミッションやビジョンにつながっていることを常に明らかにして、経営陣に加えて従業員の隅々にまで理解させることが大切です。

一方、目的のみが設定されて理解されても、組織の実行は難しいでしょう。そのために目的から目標を細分化して設定します。目標があれば、現状とのギャップを比較して、「そのために何をするのか？」というシナリオを考えだすことができ、実行しやすくなります。方向性が間違っていなければ組織の行動は効率的になり、業績向上の確度があがります。この繰り返しは、企業の社員であれば日常的に行っていることでしょう。

世の中の動きを見ながら方向性を確認する、方向性の設定作業はとても大切です。

かつて、コダックという会社がありました。富士写真フイルムが写真を中心としたビジネスを行っていたときの最大のライバルです。２０００年頃、コダックは写真をさらに深掘りする意思決定を行い、富士写真フイルムは社名から写真を外す意思決定を行いました。

図19　長期的な視点と短期的な視点

目的

- ミッションやビジョンの達成となる
- 長期的な視点

目標

- 目的に到達するまでの過程で立てられる
- 短期的な視点

結果、前者は破産法申請企業となり、後者は超優良企業へ。どちらの企業も勤めていた社員は超一流の人材だったことでしょう。しかし、前者はトップが示した方向がうまくいかなかった結果、時代についていくことができませんでした。

富士フィルムは現在、化粧品や医薬品など複数の成長事業分野を持っています。時代の先を読み、自社の経営資源を徹底的に棚卸しして、打って出る事業分野を探ってきたのです。

戦略とは、目的を達成するためにあれこれとそのシナリオを考えることですが、最も大切なことは、「何をするのか！」という方向性を定めることなのです。トップの人間だけが考える

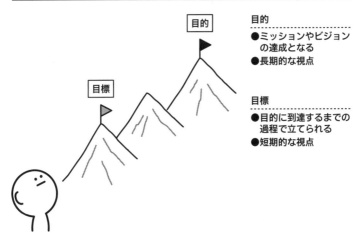

のも限界があります。日頃から末端の社員であれ、会社の大きな方向性を意識して、「本当に正しいのか?」という議論を組織で繰り返し実施することは、とても大切なことだと思います。

やりたいことを見つけよう

梅田望夫氏の著書『ウェブ進化論』の続篇(完結篇に相当する)『ウェブ時代をゆく』(ちくま新書)のなかに、これからの時代を生き抜く若者に対して3つのメッセージがありました。当時、20代後半で会社を辞め、今の事業の母体となる会社をつくるため毎日必死に、手探りの状態で生きていたときに、とても印象に残ったのです。

❶ Only the Paranoid Survive

これは、インテルをゼロから世界一への半導体企業へと育てたアンディ・グローブ氏の言葉です。そして、これは氏の座右の銘です。Paranoidという単語は日本語に訳すと「病的なまでの心配性」となるでしょう。

「**病的なまでに心配性な人だけが生き残る。**」

そのくらい仕事や生涯自分が信じ続けることに没頭し緊張感をもって対処する人が、激しい競争世界で生き残れるということです。

❷ Entrepreneurship

ＭＢＡでも、アントレプレナーシップは必須で受けるカリキュラムです。この言葉の神髄は、日本語の起業家精神よりも広く、「自分の頭で考え続け、どんな困難なことがあっても、その解決策を見出し、決してあきらめないで進んでいく」という不撓不屈の精神です。

何かを極めるということは、気が遠くなるくらいの時間が必要で、決して終わりのないことのように思います。しかし、あえて優劣をつけるのであれば、正しいやり方で、とことんやり続けている人には必ず軍配が上がるのではないでしょうか。

The only way to great work is to love what you do.（好きこそものの上手なれ、に相当するでしょうか?）アップルの創業者、スティーブ・ジョブズの言葉です。これほどまでに没頭するためには、自分がloveできる対象を見つけることから始まります。あるいは、与えられたことをトコトンやり抜く中で、loveの対象になるかもしれません。その対象を見つけることができない人は、今やっていることをとことん「好きの対象」と勘違いして1年本気で取り組みむのはどうでしょう。

❸ Vantage point

直訳すると、見晴らしの良い場所です。「**自分がやってみたい分野の最先端で何が起こっているのか?**」を一望できる場所、という比喩です。「自分がやりたいことの最先端はどのようになっているのか?」「誰がキーマンなのか」「その人やそのような集まりにどうやって近づくことができるのか?」、このようなことを知っていれば、実際に第一線の情報収集や交換ができるようになります。そして、昔と違って、WebやSNSを使えば案外簡単にコンタクトできる世界になりました。

梅田氏も、この場所を垣間見るのにWebとリアルの世界を活用することの必然性を書いています。「何かを始めたい!」「何かを知りたい!」と思ったら、現在は、その世界で最も注目されている人たちの最新の考え方や理論を安価に即座に手に入れることができるようになっています。

「大事なのは、『自分はこれをやりたい』というものを見つけること。それが人生で一番大切なことです。もちろん、簡単ではない。自分に何が起こっているのか、何が好きなのか、見つけるのはやさしくない。それでも何とか見つけ出さなければいけない。良くないのは、見つける努力をしないでフワフワ生きていること。それが一番困る。」

これは、ノーベル賞学者の小柴氏がフォーサイト誌のインタビューで応えたときの内容です。**自分がこの先、「どうなりたいのか?」を明確にイメージするか、しないか。これは自分の生き方を楽しくするための分岐点のように思えます。**

やりたいことの見つけ方

では、どうやって自分のやりたいことを見つけるのでしょうか。きっと、多くの人は、なんとなく考えていて、それがモヤモヤして整理しきれていない状態になっていると思います。そんなときは3年くらい先のことをイメージしてみましょう。初めは、感情的なものでも結構です。

例えば、会社のことを考えているのであれば、

- 3年後の売上規模をどのくらいにしたいのか?

- その時の社員はどのくらい増えているか？
- そのためには、どのようなクライアントと付き合っているか？

具体的に整理する前に、さまざまな視点で自分の直感的なイメージを出していきましょう。

例えば、個人のことを考えているのであれば、

- 自分は3年後にどのような環境で働いていたいのか？
- どのような仕事をしていたいのか？
- どのような気分になっていたいのか？
- どのようなことをクライアントと話しているのか？
- 生活レベルに変化はあるのか？
- 自身の成長はどのようになっているのか？

など、**考えられる限りの3年後の自身のイメージを整理していきます**。その後、そのイメージを達成する理論的な裏づけを数字や目標に置き換えていきます。この作業は1回で終わりま

せん。何度も何度も繰り返し、試行錯誤しながら取り組みましょう。

このように少し先のことが考えられるようになったら、次はその時間をもっと遠くまで伸ばしてみましょう。少し先のことが1年だったら3年、3年先なら5年、5年先なら10年といった具合です。ここで考えたことは、目標になり、ビジョンになることでしょう。しかも、達成するイメージをベースにやりたいことを明確にしていくので、「どのように達成していくのか?」も非常に考えやすくなるでしょう。やりたいことを考えるときから、自分のコミットを得ているのです。

過去の実績や現状の課題をボトルネックと勘違いして、一歩を踏み出さない人がいます。「自分は学歴がない」「子会社に勤めているから自由にできない」「経済的に余裕がないから動けない」などです。しかし、大切なことは、それらを打破して理想の将来に向けて今から行動をすれば、過去の延長ではない未来が確実にやってくることを理解することです。

過去の延長で今の行動をするから、少し先も、その先も今の延長になってしまいます。それを変えるために、先に少し遠くの理想の自分、理想の組織を考えるのです。

目標設定にもいろいろある

未来を創るための第一歩は目標設定です。個人や経営者が目標設定を行うときの傾向として、「～をしたい」「～をしたいと思います」という語尾で終わることが多いです。しかし、コンサルやワークショップを進めるうちに、その表現は「～をする」「～をします」という表現に変わっていきます。

「～したい」と「～をする」では大きく違います。「～したい」は、設定した目標が不安定なので、実際に達成する確率も低くなるでしょう。一方、「～をする」という表現を多く使えば、目標がクリアになり、個人の意志も強く反映されるため、結果的に達成する確率が高くなるでしょう。

目標設定は個人のモチベーションにも変化を及ぼします。**何をして良いのか分からないとき、人のモチベーションレベルは低下します**。その状況を打破するために、将来のことを考え、目標設定をして、達成するために行動を続けるのです。この状態になれば人のモチベーションは高くなると言われています。

さて、その目標設定ですが、大きく2種類あります。

- 結果に重きを置く利益志向型の目標設定
- プロセスに注目する目的志向型の目標設定

結果とはつまり、利益志向型の目標です。

例えば、「お金持ちになる」「有名になる」「優勝する」「資格を取る」「100点を取る」などのような目標設定をすると、**目標を達成するまでは急激にやる気が湧きますが、一度達成してしまうと急に燃え尽き症候群に陥ります。**そして再びその目標に挑戦することはないという、本末転倒の結果になる場合があります。

プロセスは、目的志向型の目標です。

例えば、「途上国の人々の暮らしを向上することに従事しながら、自らも学び成長したい！」とか、「社会貢献する技術開発に従事しながら、開発そのものを楽しみたい！」などです。このような目標設定はモチベーションが長続きします。しかし、急激なやる気が湧いてくることは少ないでしょう。

利益志向型と目的志向型の目標設定は、設定の仕方によって結果が異なってくるという研究結果が多くの分野で報告されています。

例えば、目的志向型の目標設定をしながら生活してきた人は、過去よりも大きな満足と習慣的な幸せを抱き、不安や落ち込みは極めて低いレベルにあると報告されています。

一方で、利益志向型の目標設定をしながら生活してきた人は、実際に富を蓄積し、賞賛を得る確率は高くなりますが、過去よりも満足度が向上し、ポジティブな感情を抱くことが低いと報告されています。

これは興味深いですね。**実際に目標を達成しても、過去よりも良くなったことを感じないのです**。それどころか利益志向型の目標設定をしてきた人は、過去よりもネガティブな感情が強くなり、不安や心配などが蓄積されていくのです。

そのために個人であれ、組織であれ、まずは長期的な目的を議論するのです。役割や意義、達成したい大きな方向性です。そして、その目的を達成するための少し手前の時間軸に目標を設定します。**目標の達成はとても大切なことですが、そればかりを重視すると非常に苦しくなります**。そこで目的のため、目標達成のために行動できている自分を楽しみ、ポジティブなイメージを持ちます。すると不思議なことに、目標を達成することが近づけば、さらに目的達成のための少し先の目標が見えてきます。結果的に、継続的に取り組みそのものを楽しむことができ、結果もついてくるという好循環が生まれるのです。

短期的なインセンティブの落とし穴

ダニエル・ピンク氏の著書、『ハイ・コンセプト』（三笠書店）によると、「**これまで信じられてきた報酬による動機付けは、創造的な作業においては全く、逆効果を生む**」とあります。人参をぶら下げて走っている馬を考えると分かりやすいでしょう。走るのには効果があっても、人参をぶら下げて思考の結果をもとめても成果があがりにくいということです。

特に、「もし達成できたら、報酬を2倍あげるよ！」という具体的な成果と報酬を交換する条件があるときは、人は思考する力を弱めることになるのです。これは、目の前の人参に目がいき、その先にあるもっと素晴らしい世界を考えることができなくなるからです。

報酬による動機付けは、単純作業や繰り返し同じ思考を求められる仕事に対しては高い効果を出してきました。しかし21世紀に入り、創造的な仕事が求められるようになると、報酬による動機づけは逆にその効果を損ねる方向に働くことが分かったのです。

これは近年の株式公開企業を観察することでも分かります。**企業の本質は長期的な利益を追求すること**です。その利益をベースにミッションやビジョンを達成していきます。これは、**超長期的活動**です。その一方で、企業の管理職や役員の多くの業務は四半期の業績に連動していきます。もちろんその目標達成は長期的なシナリオの達成につながるのでしょうが、極度のプレッシャーの中、遠くが見えない状態に陥ります。

極端な話をすると、四半期の業績向上にフィットした投資に力を入れ、市場が好意的に反応する状況を好み、多くの時間と英知をアナリスト説明会や株主説明会に注ぎます。実際、四半期の業績ごとに管理職や役員は評価され、さらに株価にリンクした評価もあるため、上記のような行動が繰り返し行われるようになります。

しかし、四半期よりももっと先に目を向けないと企業の成長と繁栄はあり得ません。ピンク氏の調査によれば、「四半期のガイダンス等に時間を費やす企業は、そこまで頻繁に行わない企業と比較して、長期的な成長率が低い傾向にある」とありました。**短期的な目標達成はできても、3年先、5年先の中・長期的な健全性は危うくなるのです。**

短期的な目標を達成することによって得られるインセンティブにより、短期的な利益を追うような組織になるのでしょう。結果、長期的な影響を与える意思決定に十分な時間を費やさなくなるのかもしれません。

リーマンショックは、上記を代表する例として捉えることができます。住宅購入者、手数料を当てにしたローン・ブローカー、新種の株式を手に入れたいトレーダー、好景気を前面に押し出したほうがよいと考えた都合のいい政治家。経済に加担する全ての役者が短期的な報酬に目を向けた結果がリーマンショックだったのかもしれません。

コロナ禍においても短期的な取り組みばかりがフォーカスされて、長期的な目的が不明な活動が続きました。初期の頃は仕方がなかったとしても、コロナ禍が2年、3年と続くと、そもそも国内における「コロナ対応の目的は何か？」という長期的な視野に立つ議論がありませんでした。オリンピックのための対策と揶揄されても明確な反論がない。感染者が減っても緊急事態宣言は解除されず、増加している状況で解除したりする。結果論ではありますが、きわめて短期的な取り組み、その場の雰囲気で場当たり的に物事が決められ進んだ印象を持った人もいるのではないでしょうか。

目標設定の考え方

目標設定のポイントは、先に目的を議論して、目的に到達するまでの過程を考えながら目標を設定することです。そして目標設定をする際は、直近の目標に加えて、やや遠くの目標をあわせて設定します。直近の目標は、どうしても結果重視の目標になりがちです。急激なドライブは期待できますが、これだけでは燃え尽き症候群になる可能性があります。

一方、やや遠くの目標はプロセス重視の目標になるでしょう。そのため長期的な取り組みと

図20　目標設定のポイント

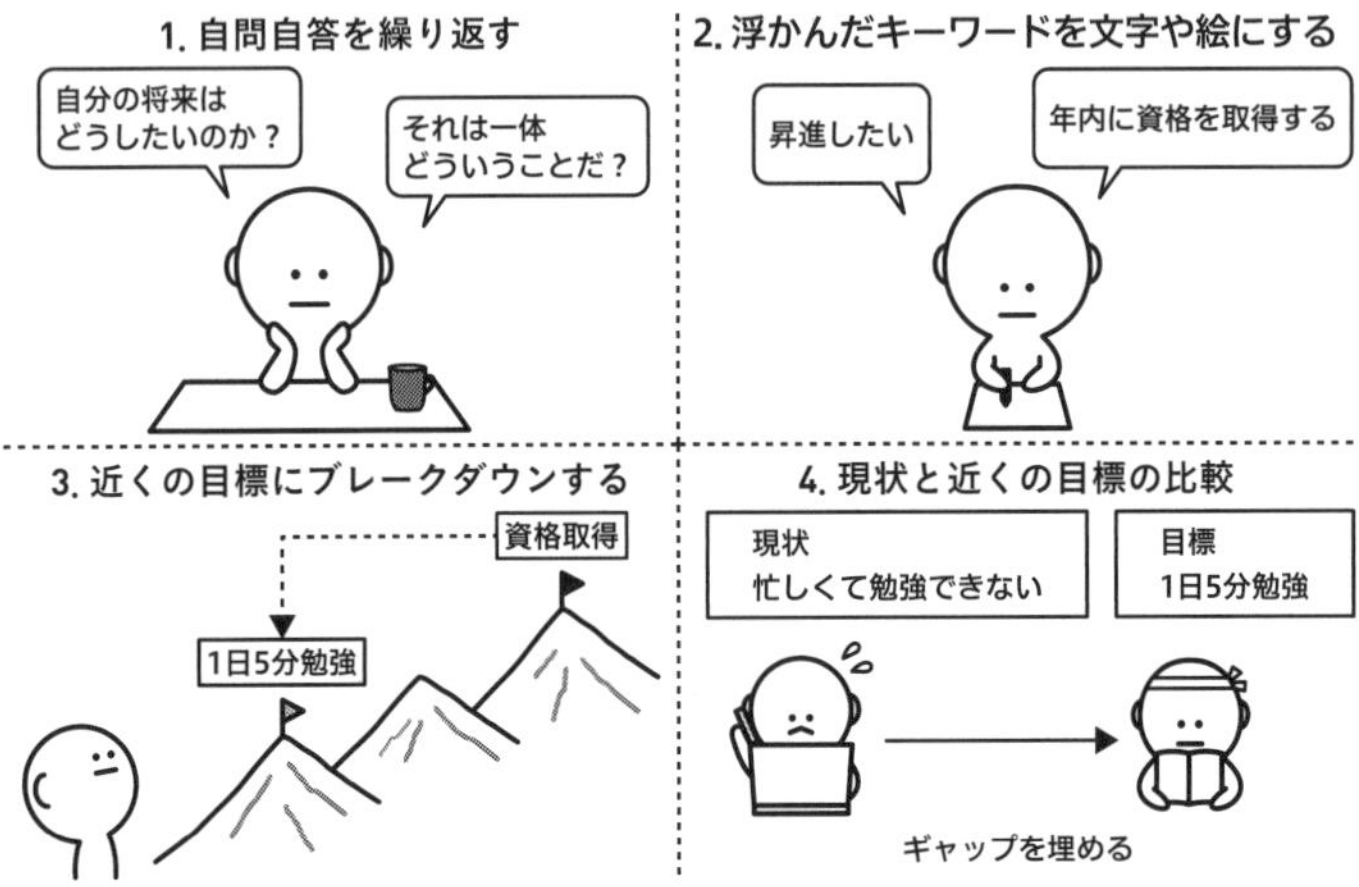
1. 自問自答を繰り返す
自分の将来はどうしたいのか？
それは一体どういうことだ？
2. 浮かんだキーワードを文字や絵にする
昇進したい
年内に資格を取得する
3. 近くの目標にブレークダウンする
資格取得
1日5分勉強
4. 現状と近くの目標の比較
現状
忙しくて勉強できない
目標
1日5分勉強
ギャップを埋める

して継続する確率が高くなるのです。目的を常にイメージして、近くの目標と遠くの目標の両方を組み合わせることで、モチベーションを維持しながら継続的に取り組むことができるようになります。

3年後の目標を当面考えていたのであれば、遠くの目標は5年くらいでしょう。仮に、5年程度の目標を考えるのであれば、遠くの目標は10年といった具合です。近い、遠いは相対的なものなので、手前と先というように大雑把に考えてしまって構いません。

とはいうものの、目標設定と聞くと、何やら身構えてしまうことでしょう。**ポイントは、初めから完璧な目標を設定しようと考えないこと**です。

「自分の将来はどうしたいのか？」
「今と比較してどのような気持ちになりたいのか？」
「それは一体どういうことか？」

このように自問自答を繰り返しながら、浮かんだキーワードを文字にしたり、絵にしたりして、時間をかけて考えていきます。

この作業を1回で終わらせるのではなく、2回、3回と繰り返します。毎回、何かしら紙にキーワードや文章や絵が残っているので、2回目や3回目は前よりも目標がクリアになっていくことでしょう。

遠くの目標が見えてきたら、次はその目標を近くの目標にブレークダウンしていきます。近くの目標とは、その目標を達成すると、より遠くの目標達成に近づく通過点と位置づけます。この作業も一度で終わらせるのではなく、時間と回数をかけながらじっくりと取り組んでいきます。

作業をしていると、遠くの目標は抽象的でも近くの目標は次第に具象化されることでしょう。「遠くの目標に近づくためには、その手前でどのような状態になっておく必要があるのか」「そのためにどのようなことをすればいいのか」と、自然と思考が働いていきます。

このように遠くの目標と近くの目標がある程度設定できたら、次は、近くの目標と現状を比較してみましょう。すると、近くの目標を達成するために、現状では足りない部分やギャップが見えてくることでしょう。ギャップが見えにくい場合は、再度、近くの目標を考えなおすことをおすすめします。あるいは、現状をよく分析してみましょう。

ギャップが抽出されると、次はこのギャップを埋めるための行動を考えていきます。そして、後はその行動をとり続ければ、目標達成の確率が0から1に近づいていくのです。近くの目標達成は、遠くの目標のマイルストーンになっているので、結果的にこのサイクルを繰り返すことで、やや遠くの目標達成の確率も0から1に近づいていくのです。

小さな成功体験の積み重ねが目標達成につながる

目標が見えたら、いきなり達成することを考えないで小さな成功体験を積み上げていきましょう。

例えば、前項のように遠くの目標と近くの目標を設定します。そして、その目標を達成するために、近くの目標を1年、半年、3か月、1か月と、目標をブレークダウンしていきます。こうすることで、1年のプランを実行するために半年先までに取るべき行動、3か月間で取るべき行動、1か月で取るべき行動が徐々にみえてきます。

重要なことは、小さな積み重ねのステップが確実に目標達成につながっていることです。これは、仕事以外にも応用が利きます。私の事例ですが、世の中のマラソンブームに乗っかって、なんちゃってランナーとしてマラソンを開始しました。初めての目標はシティーマラソンの10㎞の部。最初はなめてかかっていたので、わずか10㎞を完走するのにずいぶんつらい思いをしました。

次は、ハーフ。今度は、楽に完走するゴールイメージを持ち、それなりの準備を重ねます。走っているときは苦しみを覚えますが、無事完走。その後、勢いをつけるために何度かハーフに挑戦して自信をつけます。そして、フルマラソンに参加。こちらも目標を設定してから計画的にトレーニングを積んでいったので、完走。

目標を立てて小さくクリアしていく。成功体験を積みながら自信をつけていく。達成しても燃え尽き症候群にならないように、常に遠くの目標と近くの目標をセットで持つ。小さな成功体験の積み重ねが目標達成につながることを実感しました。

あるとき、コンサルティングの仕事は目に見えにくく、子どもたちや周りの人に自分の取り組みを説明しにくいと思ったことがあります。そこで、カタチあるものを作りたい思いに駆られました。カタチがあれば、目標を設定して、それらを細分化して、小さな行動をすることで、はじめての取り組みでも作り上げることができる、という考え方をほかの人が納得する形で示すことができます。

この10年間で、小さな頃から好きだった機械式の腕時計をつくるメーカーを仲間と集まり立ち上げました。私とトムとリチャードの三人です。それぞれ独立して事業を行っていました。トムは医療関連、リチャードはＩＴ関連、私は経営。

最初は、理想の時計の絵を描くことから始めます。構想が固まりだしたら、その絵をプロに描いてもらうためクラウドソーシングで時計設計のエンジニアを募集します。また、バーゼルワールドという時計の展示会にも行き、手伝ってくれるパートナーや関連する情報を集め、まだ時計もできていないのに時計屋として振る舞い行動しました。

足かけ5年程度の苦労はありましたが、スイス製の高級腕時計のメーカーとして1号モデルであるＫＯＮＰＥＫＩ（紺碧）を完成させます。今は次のステップで2号モデルであるＫＡＧＡＭＩＭＯＣＨＩ（鏡餅）の販売を開始するところです。

小さな成功体験を繰り返し継続する。遠くの目標は抽象的でも、近くの目標にするときは具体的な一歩がイメージできるように具象化する。そして着実に一歩一歩の行動を続けることで、目標達成の確率が高まっていくのです。

目標設定とフィードバック

個人や組織が伸びるためには、フィードバックが重要です。なんとなくフィードバックするのではなく、目標設定して、その目標を達成するためにとった行動に対してフィードバックします。

目標設定をしてガムシャラに行動するだけでは、達成確率は上がりません。実際に立てた計画を実行してみると、3割くらいは考えた通りになりますが、残りは状況によって全く異なるからです。そこで、行動を繰りかえしながら目標達成のための行動を修正していくのです。

ポイントは、計画の中にフィードバックを実施する日をあらかじめ設定しておくことです。そうすれば、定期的に振り返るため忘れることもなく、テンポよく目標設定、計画、行動、フィードバック、修正を繰り返すことができます。

例えば、毎年元旦に目標設定を行い、それ以降は4月、7月、10月の3カ月に1回自分の行動に対するフィードバックを行うなど、自分のルールをつくると良いでしょう。これは個人のみならず、企業の経営でも効果を発揮します。

もう一つのポイントは、フィードバックをしたときに感じたことや考えたことを必ず書き留めておくことです。理由は簡単。**人は必ず忘れるからです。**キーワードだけでも構いませんので、再び考えはじめるときのヒントになればそれで良いのです。メモを読むことで、その時に考えた思考へと瞬時に戻ることができます。

メモを残しておくことで、次に考えるときはさらに思考が深掘りされ整理されることでしょう。**毎回思考が深化していくのです。**もし、この作業をさぼってしまえば、毎回、同じところからスタートします。いつまでたっても思考に変化がなく、同じところに留まってしまう可能性が高くなります。

スマートな目標設定

初めて目標を設定するときは、なかなかスマートにはいきません。しかし、それで良いのです。はじめはぼんやりとした目標でも、毎回紙に書いていくことで、徐々に深掘りされ、整理され、そして腹落ちしていきます。

ワークショップなどで目標設定を行う場合のキーワードとして**SMART**があります。

はじめの**S（Specific）は具体性**です。モヤモヤしている状態から、目標を設定することで自分が何をすれば良いのかが分かればベストです。

例えば、「次のマラソンではもっと早く走りたい！」という目標は、まだまだ具体性に欠けています。「どのくらい早いペースなのか？」「オリンピックレベルを目指すのか？」「あくまでも前回のタイムよりも速いペースなのか？」

「1㎞あたり6分で、ペースを乱さないように走る」とすると目標がより具体的になってきます。そして、6分ペースで走るためには、どのようなトレーニングをすれば良いのか考えることができます。ただ単に、「早く走りたい」というときよりも具体的に考えることができます。

次の**M（Measurable）は測定可能性**です。立てた目標を達成しているのか、していないのか。何らかの方法で測定できることは重要です。「1㎞あたり6分で、ペースを乱さないようにフルマラソンを走る」という目標は測定することができます。しかし、「ただ早く走りたい」

という目標は測定するのがやや困難です。

企業でも「売り上げを拡大する」ではなく、前年比で20%高い売り上げを確保する、Web広告からの成約率を30%アップする、経費を昨年比15%削減するなど、目標を測定可能にしてコミットできるようにすることが大切です。

続く**A（Attractive）は、魅力的**かどうかです。企業や組織であれば、ミッションや大義名分などが引き合いに出されるでしょう。しかし、個人レベルであれば、「ワクワクするか？」「達成したいか？」を問うてみて下さい。

そもそも立てた目標がつまらなかったら、高い確率で中途半端に終わってしまうでしょう。ワクワクしなければ、「達成しよう！」という強烈なモチベーションも湧きません。自分の目標がいいのか、悪いのか良く分からなくなったら、その目標を達成した自分に「ワクワクするか？」と自問自答してみて下さい。

R（Realistic）は、あまりにも現実から離れていないことです。目標が低すぎれば、設定する意味がありません。一方、はじめから到底無理だと思うような目標を設定しても意味がありません。与えたテーマの難易度や自分自身の能力、時間的な余裕や達成したいという想いの強さ、絶対やらなければならないという危機感など、さまざまな要素が絡み合った状態で目標を設定します。高すぎず、低すぎず、絶妙な塩梅で目標を設定しましょう。

最後のT（Time-bound）は**時間の概念**です。いつからはじめて、いつまでに達成するという時間の概念が明確であることが大切です。**「いつか達成したい！」なんて目標は、いつまで経ってもはじめることがないので達成する確率は0のままです**。「いつかやります」なんてあやふやなことは止めて、時間の概念を明らかにすることが重要です。

時間の期限が迫ってきたら切羽詰まって「必ず終わらせなければならない！」となり、結果的に達成していたというのは、多くの人が経験していると思います。お尻に火をつければ、後は淡々と継続していけば良いのです。

「今から1年後に、1㎞6分のペースを維持してフルマラソンを完走する！」

マラソン経験が浅い人でも、この目標は具体的で、測定可能です。さらに、決して優しすぎず、難しすぎないペース配分です。きっと、これを達成できたらワクワクすることでしょう。いつまでにという時間の概念も明確ですね。

第5章 マインドセット

「自分に何ができるかを知っている人間は自分以外にないが、自分さえ試みるまではわからない。」

（ラルフ・ワルド・エマーソン）

本章では、実際に行動を起こすとき、何を考えるかについて整理しました。「自分がしたいこと」は見えているけれども、なかなか行動に移せない。そんなはじめの一歩を踏み出すときのモヤモヤを解消しましょう。

- 就職などはゴールではなくスタートライン
- 何もしないことが最大のリスク
- 変化を味方につける
- ライフワークとライスワークのバランスを考える
- ファンタスティックな体験が待っている

卒業、資格取得、入社、転職はあくまでスタートライン

大学の祝賀会に参加したときに感じたことです。卒業生のスピーチで、目的意識が強かった方は、すでに大学院での経験をどのように活用するのかのビジョンがありました。一方、意識が低かった方は、これから何をするのかを考えていく、というコメントでした。

この意識の違いは全てにおいて共通していると言えるでしょう。

何のために自分は行動するのか、それが明確でないまま過ごす人と目的を持って取り組む人では、同じカリキュラムを修了しても、その後の活動に大きな差が開きます。

10月、多くの企業が内定式を行います。紙面や報道でもその様子が伝えられます。しかし近年は就職が厳しく、10月になっても内定が決まっていない方々も見受けられます。「なんとか就職したい！」と、大手を問わず中小企業の内定を勝ち取ろうと学生は必死な様子です。

学生の話を聞いていると「とにかく就職したい！」という声が聞こえてきます。確かにその気持ちは切実に分かりますが、「就職して何がしたいのか？」と聞いてみたくなります。社会

に出て就職することはゴールではありません。就職することが全てでもありません。

「そんなに甘くない！」と言われるかもしれませんが、スゴロクの駒を進めるように就職せずに、例えば2年くらい休暇を取って、世の中の経済がどのように回っているのか自分の目で確かめるため、いまのうちに時間を使って世界中を旅して回ることも、学生だからこそできることです。そして、そのうえで自分が何をしたいのかをじっくり考えても良いのではないでしょうか。2年くらいだったら、その気になれば生きていけます。今の時期にあせって就職することが絶対の正解ではありません。

近年は、ベンチャー企業に新卒から就職する若者もいます。大手企業と違い、新しい技術や高度な知識を軸に、従来になかった新たなビジネスを展開し、大企業では実現しにくいイノベーションを展開する企業です。名のしれた大企業に就職を夢見るのも良いですが、はじめから大手で即戦力になることはありません。会社には沢山の優秀な人がいて、自分がしたい仕事を新人に任せるほど甘くはないからです。

しかし、中小企業やベンチャー企業は違います。間違いなく人材が不足しています。いきなり活躍できる可能性があります。というか活躍してもらわないと困ります。大手は、新人の仕事はほとんど誰でも代替できる内容です。そのため、大手で過ごす入社数年間は、人によってはつまらない、思った内容とは違う、となるのでしょう。入社して2、3年で転職する人の多くは、就職活動をゴールとして捉えていたのでしょう。

なんとなくのまま目的を持たず、就職することが目標になってしまうと悲劇です。なんとなく仕事をして、なんとなく手を動かして大変なふりをして給料をもらう。周りはだませても、自分自身の脳はだませません。就職や資格取得、転職はスタートラインにすぎません。目的を持たずに短期的な目標を追いかけると、ついついこのことを忘れがちです。

何もしないことが最大のリスク

日本の社会が成熟するにつれて安定志向が強まっています。

正直、「それでいいの?」と思います。

2023年新社会人の意識調査によると、初任給の使い道の1位は「貯金」で61%でした。

２０１０年頃も「貯蓄」が57％だったので、若い時からお金を貯め込むことが好きで、その傾向は今もなお続いていることがわかります。

リクルートが調査している「新入社員意識調査２０２２」を見ると、「働きたい職場の特徴」は「お互いに助け合う」がトップで、「アットホーム」「お互いに個性を尊重する」などが上位にきます。「上司に期待すること」では「相手の意見や考え方に耳を傾けること」がトップで、「一人ひとりに対して丁寧に指導すること」「よいこと・よい仕事をほめること」などが上位です。「仕事がバリバリできること」は10年間の調査で過去最低レベルです。

みんな仲良しクラブに入ることを就職と思っているのでしょうか。

少子化が進むこの10年で、若手に寄り添う企業は圧倒的に増えています。しかし、**寄り添ったところで現実はより厳しさを増します。**世界のグローバル化は爆速で進み、同じ仕事だったら生産性が高い人、単価が安い人、質が高い人に国境を越えて瞬時に依頼することができる世の中です。人材の流動性は非常に高まっているのです。

技術革新の恩恵で、自前で組織を持たなくてもプロジェクトベースでチームを組み、大きな組織のコンサルティングも可能です。資本政策を進める際も、都度、法務の専門家や財務の専門家と相談をしながら組織間を超えたチーム活動で質の高い仕事ができる時代です。コミュニケーションに関わるコストが一気に低下し、自由に資料の共有や伝達が可能です。自発的に仕事ができる人は、組織の中に留まるよりも、世界を拡げて活躍することがとても容易な時代なのです。

それなのに、**このまま待ちの姿勢で、生ぬるい環境で過ごすことが正解なのでしょうか**。

60歳の定年をむかえるまで会社員という話は、もはや昔話です。終身雇用も崩壊しつつあり、年齢が50代になっただけの理由でリストラがはじまります。**給与も無条件に下がるのに、1つの組織にじっとしがみつく**。これだけ不安定で先が読めない時代に、まだ安定を夢見ているのです。

大企業でも中堅企業でも、経営難になるリスクはいつでもあります。副業に消極的だった大企業は「勤務時間外において、他の会社などの業務に従事することができる」と副業解禁の動きを見せています。そして厚生労働省も副業解禁を促す発表をしています。安定を求める人にとっては、「1つの財布だけでは収入が下がるから副業で頑張ってね」というニュアンスにも聞こえますよね。

企業で長年勤めた経験を生かせば、ストレスなく自由に自分の生き方をできると思う人もいるでしょう。しかし実際は、早期定年退職の制度を企業が促しても、しがみつきたい気持ちが勝るのです。

大企業の会社員は安定ではないのです。**企業の大小に関係なく、専門性があり、人脈や人柄、経営に対して一定のスキルを持っている人が安定している**のです。**頭では分かっていても、その安定というアンカーを降ろし続け留まる人は、あっという間に時間が経過してしまい、準備をする時間まで失います。**

若いころは体力と時間が武器です。与えられた仕事をこなし、業務をひたすら行う中で効率化の視点や要領が分かってきて、自分の可能性が見えてきます。**30代、40代は過去の経験も加味され、自分が最もパフォーマンスを出せる領域が見えてきます。**

常に自分を試し、自分の不足する能力をちょっとずつ補いながらバージョンアップすることで、5年、10年の時間がどこでも生きることのできる自分を作り出すのです。**安定という表現は大きな落とし穴です。頭を使い自ら考え行動を起こすことで、その結果として安定があるのです**。安定は自分の力で構築するものです。コントロールできない世の中に頼っても安定は手に入りません。

世の中には、自分でコントロールできることとできないことがあります。コントロールできる要素に対しては、自社または個人で対策を練って取り組みます。コントロールできない要素に対しては、そのことによって起きるであろう未来を予測して、少しでもコントロールできる要素に分解して準備しておくのです。

理想は、イソップ物語のアリとキリギリスの両方の良いとこ取りをすることです。冬に備えてせっせと食料を蓄えながらも、日々楽しく遊びながら過ごす。目的から目標を定め、小さく小分けにして着実なステップを踏む。

実際、頭で分かっていても実行するのはかなりタフですが、だからといって何もしないのではなく、自分の力でなんとかすることを考える。これが重要なのです。

変化を味方につけよう

『不思議の国のアリス』シリーズ、『鏡の国のアリス』の一節で、赤の女王が次のように話をしています。

「**ここではね、同じ場所にとどまるだけでも、もう必死で走らなければならないんだよ。**」

これはアリスを叱りつける場面です。

世界がフラットになり、周りの成長が著しいときに、何もせずにぼーっとしていたら、すぐに追い越されてしまいます。同じポジションをキープするだけでも努力が必要です。**仕事をしていても、同じ立場を維持するだけでも、努力しなければほかに追い越されてしまいます。**

昔は良かったかもしれません。しかし現実を考えると、敵は社内ではなく社外にもいます。そして、競合は国内だけでなく世界です。また、競合と思っていなかった業界や企業や組織までもが自分たちの領域に進出してきて限られたシェアを取り合っています。

『鏡の国のアリス』に出てきた赤の女王の発言は、まさに、今の世の中にもそっくり当てはまります。世の中は絶えず変化している。そのため、その中でうまくやっていくためには、個人も変化しなければならないのです。

世の中の変化、市場の変化、消費者の変化。どのように時代とともに伴走するのか。常に変化の先にあるもの、変化の先に何をするべきかを予測する。そしてその変化に対応すべき行動をとる必要があるのです。

日本での義務教育を、お子さんがいる方はどのように捉えているでしょうか。
自分が小さいときと変わらない？
それとも大きく変わっている？
日本ではこれまで教育改革が何度か行われてきました。1872年に8年間の教育年限が設けられます。身分や性別を区別することなく、国民が教育を受けられるようになります。

戦後の1947年。「学校基本法」「学校教育法」により学習内容や終業年限が共通の小学校6年生、中学校3年生、そして高校3年生、大学4年生の制度へ転換され、小中学校が義務教育になります。全ての子どもたちの教育の機会均等が目的でした。

１９７０年。ベビーブーム世代の到来と急激な社会変化が起こります。１９７１年から１９７４年まで出生数が２００万人を超える年もあり、教育の拡大が必要になります。１９７３年から１９９１年までの安定成長期により所得が向上し、結果的にベビーブーム世代で高等教育への進学希望者が増加しました。同時に電化製品の普及や技術革新が進み、女性の社会進出も可能になりました。

１９８０年。ゆとり教育が始まります。社会の変化に自ら対応できる心豊かな人間の育成を目的に行われました。しかし２００４年に発表されたOECD生徒の学習到達度調査（PISA）の結果から、諸外国の子どもと比較して学習意識の低下、資料の読解力に課題があることが分かったのです。

２０２０年。思考力、判断力、表現力などの育成、そして学習や理解の質を高めることを基本とする教育改革が行われます。「ＡＩをはじめとする科学技術の発展」「グローバル化」が背景となり、工業化社会で実現された詰め込み型の教育から「今まで身につけた知識をどう生かすか」「ＡＩに負けない子どもをどのように育てていくか」ということに重きを置いた改革が行われました。

字面では素晴らしい取り組みに思われますが、うまく機能しないでしょう。指導する教員が自分の知識を生かして生徒を教育することができないからです。そもそもアクティブラーニングの教育を受けたことがないし、新たな教育改革に準備をする取り組みも不足しています。

ただ、同じ地位を維持するためにも、必死に走り続ける姿は確認できると思います。変化があまりにも早いので、国や社会に任せる姿勢ではなく、自分から動き変化する姿勢が大切になるのです。

ライフワークとライスワーク

米国の心理学者マズローは、ヒトの欲求には階層があり、下位の欲求が満たされると、次々に上位の欲求を満たすと唱えました。よく知られている欲求のピラミッドモデルです。

ちなみに下位の欲求から、生理的欲求、安全への欲求、社会的欲求、尊敬への欲求、自己実現の欲求です。近年は、６つ目の欲求に利他の欲求があるとされています。これは、社会貢献やボランティアなどです。

さまざまな人と関わって仕事をしている中で、６つ目の欲求を見たそうとする人が多いことに気づきます。マズローの説に当てはまると、ややおかしな現象です。欲求は、食欲や睡眠欲などの生理的な欲求から、外敵から襲われないで済む安全の欲求、そして組織に属しているという社会的欲求と、下位から上位に向けて満たされます。しかし、**昨今、尊敬への欲求や自己実現の欲求を飛び越えて利他の欲求を満たそうとする人が多いのです。**

社会貢献やボランティアは確かに素晴らしいことですが、自己実現の欲求を飛び越えて取り組むのは、なんだか本質的ではないような気がします。一方で、このような欲求が芽生えるということは、日本はまだ豊かな状態なのかもしれません。

しかし、やっぱり「まずは自分のビジョンを達成してから！」とも思います。**ライフワークばかり目指さず、ライスワーク、つまり自分が食べるための仕事もしっかりと取り組んだ上で、**

ライフワークの追求をすることが大切だと思います。うん、バランスですね。

失敗の原因

成功事例は目につきますが、失敗事例は共有されにくいものです。そこで失敗の原因について考えてみると、「やる気不足」「違いがないこと」「調査不足」「お金の知識不足」「計画不足」の5つに分けることができます。

●やる気不足

成功と失敗を分ける要因の1つに本人のやる気不足があります。新しいことをはじめた当初は躍起になり、「何がなんでも成功させよう!」と前向きに取り組む意欲が高いでしょう。「良く働くね」と言われても、「そうかな?」と思ううちは、まだまだ気力十分です。

本人だけでなく、組織のやる気を管理することも大切です。チームのやる気管理は成功へ導くための大切な鍵だと思います。ハーツバーク(動機付け要因・衛生要因)の理論にあるように、給与や待遇の改善だけではチームのやる気は引き出せません。

例えば、チームに対して以下のような質問をしてみてください。

❶与えられた仕事はやりがいがあり、やり遂げたときに満たされた気持ちになりますか？
❷昇進・昇給のチャンスは平等ですか？
❸仕事の成果に応じて、やればやるほど評価される報酬システムですか？
❹プロジェクトを遂行するための設備、資金、人員などのサポートは十分ですか？
❺社員が誇りに思えるような会社組織・風土ですか？

チームが勢い良く「ＹＥＳ！」とならない組織は要注意です。本人のやる気に加えて、チームのやる気を高めることを初めから考えなくてはいけません。

●違いがないこと

違いは重要です。あなたが未知の分野に足を踏み入れたとしましょう。経験があろうがなかろうが、必ずその道のプロとの競争が始まります。

成功の確率を高めるためには、「ここなら自分が一番！」と言える何かが必要です。そうでなければ、顧客がそのお店に足を運んで何かを買い求める理由がないからです。この概念は、経営の専門用語では戦略的優位性、マーケティングの言葉ではUSPとも呼ばれます。

もし、同じ商品に対して同じ値段がつけられていたら、同じ地域であれば慣れ親しんだお店を利用することでしょう。この場合の優位性は慣れ親しみ（ブランド）になります。多少の違いがあっても顧客はそう簡単にお店をスイッチしないでしょう。

PCの例を考えてみます。価格を15万円から14万9千円にしたところで顧客は反応しません。また、PCのハードディスクの容量を80GBから85GBに増やしたところで有名ブランドには勝てないでしょう。一方、ノートPCの電池の寿命が6時間から60時間に改善されたらどうでしょう。この違い、顧客はきっと評価するでしょう。

違いのポイントは、顧客の目線で見たときに違いが分かることです。ほかができない製品やサービスを提供する、明らかに優れた特徴や違いを提供する、これが不明確であれば、顧客に継続的に製品やサービスを利用してもらうのは難しいでしょう。

●調査不足

成功している人と失敗を繰り返す人の大きな違いに、調査不足があります。どんなに優れたアイデアでも、それを受け入れてほしい人から歓迎されないのであればそのアイデアは存在しないのと同然です。

大学発ベンチャーの多くが市場調査不足から事業計画の修正を余儀なくされることが浮き彫りになっています。技術的な要素が先行し、肝要な顧客・市場のことを後回しにしてきたからです。この強烈な商品志向は成功しにくい考え方だと思います。

ネズミ捕りの事例を紹介しましょう。ある有名な発明者が世界一素晴らしいネズミ捕りを開発しました。彼は、その商品が売れることを夢見て、くる日もくる日も研究室に人が訪ねてくることを待ちますが、一向に人がやってきません。彼は思いました。「こんなに素晴らしい商品ができたのにどうして誰もやって来ないのだろう?」と。

当たり前の話ですが、商品に関するマーケティングを一切しない、そもそもネズミ捕りのニーズがあることと無関係にアイデアの実現に没頭していたのです。実は類似の案件に関するコンサルティングの依頼は絶えません。

●お金の知識不足

新規事業が傾く失敗の原因として、お金の問題は切り離せません。この場合、**資金そのものが不足すること**、**コスト管理能力が欠如していること**の2つがあります。

新しいことをはじめるタイミングというのは、いくらお金があっても足りないと感じるでしょう。当然、新しいことをはじめるのに、予測できない資金もあり、常に足りない状態が続きます。加えて、自分がどのくらいのお金を費やしているのか、そのコストを管理できていなければ、さらに悲惨な状態に陥ります。

新しい取り組みを検討するときは、簡単なお金の知識を身につけると良いでしょう。これは会社でいえば、少なくともPL（損益計算書）やBS（貸借対照表）、キャッシュフロー計算書が分かる程度の基本知識です。

新しい事業を開始しても失敗に終わるパターンの多くが、運転資金を確保せずに、手元の資金を全てつぎ込み、その果てに、半年から1年で資金ショートに陥り事業の継続を断念するのです。このようなパターンは珍しくありません。どんなビジネスでも損益分岐点に達するまでに、ある程度の投資（時間とお金の両方）が必要です。そして、その分岐点がどの程度のものかをしっかりと把握しておかなければ、必要な資金を把握することができません。

何事も、始めてすぐにリターンを得られることはほとんどありません。しばらくの間、赤字が続いても継続することができる体力や精神力と、その裏づけとしての資金も必要なのです。

●計画不足

知人の話です。脱サラしてモツ鍋屋さんをはじめるということで意気込んでいました。有名なモツ鍋屋さんで料理長の経験を有し、肉やモツの調達ルートを確保しているにもかかわらず、何から手をつけて良いのか分からない、そして、お金がないと嘆いています。

起業する場合、資金集めは重要です。そして、計画書なしには資金集めもできません。新規ビジネスの相談を受けているとき、夢は明確なのですが、その夢を実現するための道筋を考える時間を確保していないのが現状です。

これは、計画を立てて考える作業を全く行っていないことが理由です。何をしていいのか分からないのは当然です。タイトルだけが決まって肝心なシナリオがない演劇をトレーニングするようなものです。目的地があっても、そこまでの道筋がなければ、たどり着くことは困難を極めるでしょう。

件の彼の場合、どのように計画を立てるのが良いのか、質問を繰り返しながら考えてもらい、まずプランを立てることをすすめました。勘や度胸のみで成功するのであれば、世の中誰だって成功しているでしょう。

あらゆる分野で市場が飽和状態に達し、競合がひしめく昨今、マーケットの環境分析もせず、市場の動向も見ずに経営をしていては、成長はおろかはじめの一歩を踏み出すことも難しいところでしょう。経験や勘にもとづいてうまくいくこともあるでしょうが、やはりアイデアに対しては裏づけが必要です。失敗する要因は、ある程度特定され、さまざまに言語化されているのです。

失敗を恐れない

大きな組織、古い組織に限って、失敗することを恐れる傾向が強いです。したがって、革新的なことや時代の流れに対応できず、突然死を迎えてしまうのです。

例えば、次のようなアクションがあった場合、あなたはどちらを取りますか？

Ａ：成功確率80％でそのインパクトは50であるアクション
Ｂ：成功確率40％でそのインパクトは１００であるアクション

期待値という考え方を用いれば、どちらも40で同じです。どちらが正しいかといえば、最終的に判断を下した人の選択が正解です。

この質問は多くの人がAを選択します。成功によるインパクトよりも、成功する確率が高いほうが選択されやすいのです。これは裏を返せば、**失敗する確率が低いほうを選択する**ということです。

失敗する確率が低いということは、つまり世の中の先駆者がすでに実証済みであるため、そのため常に前例をうかがい、導入事例を意識するのです。無意識のうちに成功確率が高いことと、多くの人が行っていることが、あたかも同意語のように理解しているのかもしれません。

しかし、同時にその成功によってどの程度のインパクトを享受できるのかも重要なのです。

起業するときに考えたこと

起業するときに考えたほうが良いことの一番は、**そのビジネスを行う理由、大義名分**です。

「なぜ、自分が行うのか?」
「なぜ、そのビジネスなのか?」

当たり前のようですが、これを考えずにいると起業することが目的になってしまい、本来やりたかったビジネスが見えなくなるときがあります。

起業ははじめからうまくいきません。自分が継続的にそのビジネスに取り組めるのか、全てを犠牲にしてまでもそのビジネスをしたいと思えるか、そんな強い意志の源となる理由があることがとても重要です。

理由がないと、起業する際にさまざまなステークホルダーに対して説明することができません。負債であれ、株式調達であれ、一緒にはじめる仲間であれ、みんな一様に「なぜあなたなの？」と質問をしてきます。

理屈で説明する人も、感情的に説明する人もいるでしょう。どちらでも構いません。説明を求めた人に対して、あなたがあなたの言葉で話をすることによって、「なるほど！」と思っていただければいいのです。

失敗するときの兆候として、選択肢を考えていないことがあります。**１つのアイデアを十分に検討せず、とにかくガムシャラに行動したとしても、それがダメだった場合にほかの選択肢がないのです。**

1つのアイデアを深掘りする前に、さまざまな選択肢を考えて、はじめに思いついたアイデアを含め多方面に検討することが必要です。そのような検討を行った結果、やはりそのビジネスであった場合と、何も検討しないでそのビジネスを行う場合、結果同じことを行うにせよ、意味が異なってくるものです。

次に、大切なことはその思いを形にすることです。そのシナリオを個人の頭の中だけで考えるには限界があります。文字や絵や図にして整理したり、ビジネスプランや事業計画書といわれるものを参考にしながら、形式化したりします。

すると、頭で考えていただけでは見えなかったことが次々に出てきます。そして、その部分を何度も何度も練り直していき、その過程でさまざまな仮説が整理されます。

出来上がったシナリオは形式知のため、自分以外の人にも見せることができるようになっています。情報を共有することができるので理解が得られ、ときには厳しい質問が飛んでくるようになります。

実際に新しいことをはじめて失敗した場合、相応の打撃を受けます。しかし**シナリオの上では何度も失敗することができます**。さまざまな視点から検証し、シミュレーションを繰り返すのです。

もう良いだろうと思ったら、いよいよ実行です。このときも、**ただはじめるのではなく、小さくはじめることをおすすめします**。

ビジネスの最終系はビジョンやミッションとのリンクになるため、ゴールは壮大なものかもしれません。しかし、エベレストを登るための第一歩が分からなければ頂点を目指すことはできないでしょう。大きなシナリオを実現するための第一歩。その一歩目、最初の一日目、実現するための最初のステップ。ここのフェーズは具体的に考えてから実行すべきだと思います。


そして最後に、**起業するときから、出口のことを考えておく**のです。


「最終的にそのビジネスを売却するのか？」

「上場したいのか？」

「誰かに継承させるのか？」


ある一定の目標を達成できなければ、次に進まない、あるいは撤退する、といった判断を求められるため、シナリオをいくつかのフェーズに区切り、それぞれのフェーズに進むためのルールを決めておくことも大切です。

ネガティブな印象を受けるかもしれませんが、リスクを最小限にするためには、やはりプラスとマイナスの両面を想定しておいたほうが良いのです。

これらのポイントをしっかり押さえていても、スムーズにいくものではありません。起業とはそんなものです。しかし、自分のビジョンを実現する経験は、どんなにつらくともそれはとってもファンタスティックな経験になることは間違いありません。

第6章 計画

「どんな（新しい）一歩も、どこまで歩けるかはわからない。
けれど二歩目を踏み出すのは自分。
歩き続けるのも自分。」

（俵万智）

本章では、実際の行動に移すためにどのように考えればいいのかについて整理しました。大きなビジョンを達成させるための小さな一歩。その一歩を踏み出すためには、合理的な計画と非合理的な勢いが大切です。

- 全体像を抽象的に捉えて、具体的に細部に落とし込む
- 行動しながら、そして考えながらブラッシュアップする
- 小さくはじめて7割、8割くらいで進む

着実に壁を乗り越える

問題を解決するために、いざ解決してみようと考えてみると、これまで思いもよらなかった数々の壁が立ちはだかります。

例えば、

「何から手をつけて良いのか分からない」
「情報が不足している」
「情報がありすぎて何を見たらいいのか分からない」
「実際にやっているものの効果が出ているのか分からない」
「いつの間にか元のやり方に戻っている……」

問題解決といっても、これらの壁を壊さなければならないのです。

「情報がない！」

問題解決において、多くの経営者が情報が足りないと言っています。

代表的な例としては、新規ビジネスの市場予測の情報などが挙げられます。

「新規ビジネスの市場ってどのようなモノですか？」

と問いかけると、

「テストマーケティングした市場の延長」

といった答えが返ってきます。

「では、テストマーケティングした市場のどのような情報がほしいのですか？」

と再度問いかけると、多くの場合詰まってしまいます。

つまり、**「情報がない！」と言っていても、「実際にどのような情報が欲しいのか？」が分かっていない場合が多い**のです。

仮に知りたい情報が明確になっても、今度は情報を探す段階でつまずいてしまいます。そもそも新規ビジネスを展開する市場の情報なんて世の中に存在しないと考えたほうが良いかもしれません。少なくとも、何かの情報を手掛かりに作るか、加工しなければならないでしょう。

スタートアップ企業は、次の点を意識しなければいけません。

- 事業が獲得できる可能性のある市場規模全体（TAM：Total Addressable Market）
- 事業が獲得できる特定顧客の市場規模（SAM：Serviceable Available Market）
- 事業が実際にアプローチできる市場規模（SOM：Serviceable Obtainable Market）

これは資金調達をする際に投資家に説明するための必須事項です。事業会社でも同様で、新規事業の立案や事業の再定義に有用です。経営陣は現場からすると投資家と同じように振る舞うからです。

TAMは市場全体の製品・サービスの総需要です。100％シェアが取れた場合の売上を意味しますが、実際は事業の長期的なポテンシャルを考えるのが目的です。そのため直接競合する市場以外に代替する市場など、顧客目線で同じベネフィットを提供する市場も加味します。

TAMの試算はマクロ的な推定で、試算には時間をかけず、算出根拠には2次情報などを引用します。

SAMは想定する製品・サービスで獲得しうる目標のターゲット市場です。参入可能な市場やターゲットの選別がなされるべきなのでミクロ的で、実際にデータ分析をできる限り行います。その際、1次情報を意識しながら推定します。

SOMはSAMの市場占有率です。目的は短期的な売上の目標や、年間売上の目標設定です。事業計画上、重要な指標です。SAMを基準に実現可能な投資額や自社のマーケティングや営業、商品の調達や製造などの能力、他の制約条件を加味して現実的に計算します。

いきなり「分からない！」と嘆くのではなく、まずは全体像を抽象度高く考え、徐々に具体的な数字に落としていき、事業計画に必要な根拠を算出するのです。その際にテストマーケティングの結果を加味して、「この程度の規模がこの程度の確率で予測できる」と考えていきます。また、何か実施したアンケートをベースに考えることもあるでしょう。

重要なことは、考えながら、実際に行動し、成果に結びつけるイメージです。もし初動で動いて効果が出ないのであれば、行動が間違っている可能性が高いのです。

多くの現場で散見されることは、問題の本質を捉えないで、表面的な内容にフォーカスして行動した結果、作業や後処理ばかりが増えて実質的な成果があがらない状況です。仮説の精度も極めて低いため、拠り所とする基点がないのです。スタート時には、そのような壁を一つ一つ丁寧にクリアすることが大切です。

計画は基本中の基本

「ビジネスで成功するためには、教育や学歴は必要でしょうか？」

私は考えます。あるに越したことはない程度だと。

学校の教育はある種偏った記憶に頼った部分も否めません。偏差値は一つの評価であり、万事に通じる評価ではありません。

書店をのぞけば、必ず成功する10の心得とか、ビジネスを成功に導く10の秘訣などのさまざまなノウハウ本があります。特に空港や新幹線の駅などは、ビジネス客が多いためか、この手の本を沢山見かけます。しかしその内容は共通している点が沢山あります。この本でも書いている通り、目標を持て、計画は紙に書け、行うことを整理して集中せよ、むやみに手を出すな、常に考えて行動せよ、諦めるな、継続せよ、失敗から学べ、などです。

秘訣というより基本です。だからこそ、「これが秘訣？」と思うでしょう。しかし、必ず成功する秘訣なるものがそもそも書店に売っていれば、世の中、皆億万長者になっているでしょう。そう、誰もが成功できる秘訣なんて存在しないのです。これは良く理解しておく必要があります。

やすやすと成功は近づいてきません。自分が強く望むのであれば、自分の努力のみで勝ち取るしかないのです。ましてやビジネス書に書いている通り実行したとて、全く同じように再現することなど不可能に近いでしょう。自分に当てはめて考え、自分の状況に合わせて行動することが大切なのです。

そもそも、**成功とはお金を沢山稼ぐことではありません**。自分が考えた通りに実現した姿が成功です。自分のビジョンなしに、ただひたすら規模の拡大や利益を追求していれば、いつしかそのことが目的になるかもしれません。生活の中で仕事が全てになり、家族と過ごす時間や、人生をエンジョイする時間もなく朽ちていくかもしれません。莫大な富と利益だけが残り、使うことなく消えていきます。

それよりも、自分がハッピーになれる瞬間を沢山過ごしたほうが豊かな人生といえるでしょう。そのためには目標を明らかにして、それを達成するためのプランを考えます。世の中、プランのない人を良く見かけます。繰り返しですが、**計画がなければ何事も成し遂げることはできません**。基本中の基本です。

ビジネスとは事前に明確な目標があり、それを達成するために計画的に行動を続けることをいいます。見えないものを勝ち得ることはできません。したがって目標を見えるように可視化します。

最も簡単な方法は紙に書くことです。具体的かつ達成したことが分かるように、そして自分が分かるように書くのです。そのような目標はおのずから自分が何をしなければならないのかが明らかになります。

人は案外、弱い生き物です。少しつまずいてしまうと、本来の目的を見失います。そして、目先のことに目が眩んで、本来しないでいいことに手を出します。資源を集中することが成功の近道であることを考えると、これは明らかにネガティブな行動です。

当たり前ですが、市場の動向や景気の良し悪しなど、状況の変化に柔軟に対応することは大切です。しかし、立てたシナリオそのものに問題がない限り、計画に沿った行動を継続することが成功に近づく基本です。

そう考えると、計画を達成するためにはある種のストイックさが必要です。ゴールにつながる計画のひとつひとつを諦めることなくコツコツと実行していくことです。**苦しい時もあるでしょうが、その先に自分の成功があることを噛み締めながら、自分を信じてただ継続するのです。**

計画は銃の照準と同じ

普段の仕事に対しても、企業が進むべき方向を見出すときも、計画を立てることは重要です。

「忙しい割には収益が伸びない」
「景気が悪くなったから長期的なプランまで考えられない」
「頭の中にシナリオは持っているけれども、しょせん計画だから」

このような話をされる方に、「どのような計画をお持ちですか?」とうかがうと、実際は計画が存在していない、あるいはあったとしても計画の時間軸が非常に短い場合が多いです。

1日の予定は朝の朝礼で話をするだけで、毎日その日の朝に決める。1週間後まで考えることはあっても、1年先とかは分からないから計画しない。いろいろ言っては計画を全否定し、立案することの本来の意味を考えようとはしない。

よく計画を銃の照準に例えて考えることがあります。**取り扱う範囲が長いほど精度が上がるのです。計画なしに仕事を進めると、短期的に成果が上がる仕事に行動がフォーカスされます。**短期的な成果ですので、大きなインパクトは望めません。これを繰り返すから過去の蓄積も少なく、時間が経過しても行なっていることが変わらないのです。

計画の時間軸が短い人は、長期的な取り組みを行いません。これは計画を否定しているのと同じで、はじめから先のこと、遠くのことを見ようとしていないのです。長期的な成果に取り組むためには積み重ねが必要です。それを闇雲に行っても結果が出る確率は低いでしょう。成果を出すために、どの時期に、どのような目的で、どのようなことを明らかにするのか、長期的かつ俯瞰的な視点を持ち、時間軸を長く設定することが重要です。

直近の行動は、遠くの目標から規定されます。遠くの目標を達成するために、少なくとも中間の時期までには、ここまで達成しなければならない、といったように目標を立てます。中間の時期に決めたことを達成するためには、その手前の時期までにここまで達成する、ということの繰り返しです。

直近の行動を積み重ねていくのではなく、計画の段階では遠くの目標を達成するための直近の目標、それを達成するための直近の行動というように、遠くから近くに目標を噛み砕いていくなかで、今自分が行うことが規定されるのです。

「**計画を立てることは成果を上げるための近道**」とは、このような意味なのです。

思い立ったが吉日

日本はまだまだやることだらけです。そのために個人が意識することは行動をとり続けることでしょう。知識を身につけるだけではなく、実際に活用して行動することです。

世界レベルで活躍している人は確かに知識を沢山持っています。しかし何よりも高い夢を持ち、とにかく努力して継続して行動しています。中には、行動が先に行われ、後から方向を正すことだってあります。

日本での義務教育を振り返ると、常に知識で勝負してきたように思います。例えば学力テストは、ペーパーテストの結果で勝敗が決まる知識や記憶の戦いです。しかし、社会に出るとこれらに加えて行動することが必要になります。実際に行動し成果を出してこそ意味があるからです。**成果を出すためには、必ず一歩を踏み出さなければなりません。しかし、多くの人はその一歩が踏み出せません。**

これは教育の中で行動の競争が少ないのも原因かもしれません。海外の人や若くして社会のために働いている人の共通点は行動していることです。

これから、思い立ったが吉日を体現している知り合いを例にして、彼らの生き方を紹介します。

●１枚の写真をきっかけに山小屋に住みはじめた人

富士山３０００メートルの雲の上で不意に撮れた１枚の写真をきっかけに、山小屋に長期滞在して写真家の道を歩んだ人がいます。その環境や自然に身を委ねるようにご来光の撮影を続けます。そこから旅を続け、その過程で時々現れる風景や人物や動植物を探しては切り撮ります。近年はモンゴル全土をめぐり、彼が過ごす時間や空間を全て被写体とした作品を発表しました。**私は彼の生き方そのものがアートだと思っています。**

●倒炎転式薪窯《とうえんてんしきまきがま》ウロボロスを作った人

山形生まれの陶芸家。奥さんが佐賀県有田町の窯業《ようぎょう》大学で絵付けの勉強をするため一緒にきたのがきっかけで、拠点を波佐見《はさみ》に移します。地元の人が見向きもしなかった建造物や遺構を彼なりの視点で蘇らせ、人が集まり語り合う空間をつくっています。コロナ禍で展示会や個展が相次いで中止になる中、前から構想していた窯造りを思い立ちます。「**将来、文化財にな**

るような窯をつくる」という思いを込めて、「倒炎転式薪窯ウロボロス」を完成しました。

私はコンサルティングの仕事をはじめてすぐに、資本政策の重要性を仲間と語りました。当時は今のようにM&Aや出資などの進め方が未整備で、少なくとも中小企業には情報が圧倒的に不足していました。共通課題を認識した仲間と集まり、自分たちも経験が乏しかったM&Aの手続きや取り組みを体系化して、将来必要となる組織人やM&Aで独立するアドバイザー向けに、ネットワークと知識を提供する組織JMAAを立ち上げました。

知識がなければ行動できないということはありません。行動しながら知識を身につけることもできます。ただし、闇雲に行動することをすすめるわけではありません。思っただけでは実現しません。計画を立てても行動しなければ価値を生むことはありません。行動しながら、考えながらブラッシュアップするのです。失敗も成功の内。思い立ったが吉日なのです。

まずははじめてみる

20代後半から、30代、40代とコンサルティングを続けるうちに、自身のマインドも変わりました。たとえば、「クライアントのために、Aの経営者とBの経営者を互いに紹介しよう」と考えていても、若い時は遠慮してしまう自分がいたのです。双方の取り組みに関与しているので、企業の強みや弱みを知る機会は当然に増えていきます。30代前半までは、「**そのようなことをするとおせっかいと思われるかもしれない**」「もしどちらかが不快な思いをしたら嫌だな」ということを考えてしまい、実際に試して確認せずに、だんまりしていたのです。

しかし次第に、「**相手にとってメリットがあると確信しているのであれば、明確に行動を起こさないといけないだろう**」という気持ちが強くなり、30代半ば頃から、積極的にクライアントへ提案をするようになりました。結果は、「もっと早くから行なっていればよかった」です。コンサルの目的は、顧客の長期的な商売繁盛の達成です。そのため常にさまざまなクライアントの立場になって、抱えている課題の解決や前進を考えます。熟慮したアイデアやヒントは迷わずクライアントに連絡して情報共有し、時には人を紹介し合うことこそが私ができる今の価値だと思えるようになったのです。

3年や5年に一度のタイミングで会う高校の同級生がいます。研究職から経営の世界にシフトした私を見て感じるものがあったのでしょう。自分が何をしたいのかを考えるため、仕事を辞め、現在はフィリピンのどこかの島で前職での経験を活用して、ICTを普及する活動を行っています。

初めのうちは、行動して現地で何かに取り組もうという勢いもあったようですが、東日本大震災の様子をネット越しに見て、たくさんのことを考えたようです。もともと何かに貢献することをしたいと言っていましたが、今では地方や途上国での格差をなくすという大きなミッションを掲げ活動をはじめています。

私と彼に共通する点は、悩んでいるだけで行動しなかったことを、実際に動いて確かめたことです。**悩んでいるだけでは状況は変わらないため、実際に行動します。すると頭の中だけでは見えない世界が広がり、たとえ失敗しても行動したことを正解だと思うようになるのです。**

「日本をどうにかしたい！」「世の中を変革したい！」という素晴らしい大義を掲げる人もいますが、私は身近なところから変えたり、変わりたい人に対して何か切っ掛けみたいなモノや機会を提供したいと思っています。あるいはポンっとその人の背中を押し出してあげるといった活動が継続的に行えたら、と思っています。

小さくはじめよう

ビジネススクールでは、起業するためのさまざまな手法や出口戦略まで、くまなく学びます。しかし、その多くの事例がどんなに小さくても10億、多くが１００億、１０００億規模のビジネスが中心で、やや肌感覚が合わない部分もありました。

志高く大きなビジョンをもとにビジネスを立ち上げることは素晴らしいことです。しかし、大きなビジョンの第一歩は自分の食い扶持をしっかり稼ぐことだと思います。ビジネスのポテンシャルに対して融資、投資は集まりますが、それは次のフェーズかもしれません。

まずは小さくはじめて感触をつかみ、小規模でも構わないので投資家に対してビジネスのポテンシャルを紙ベースではなくリアルベースで示します。これが次に進むためのステップであり、マイナスのリスクを減少させるポイントです。

副業が認められている企業であれば、今の仕事を辞めてゼロから立ちあげる必要もありませ

ん。自分が独立した際に、どのようなことができるかを副業で確認することもできます。退職して取り組むと背水の陣でやるしかないでしょうが、常に資金ショートや不安との戦いで思考が弱る方もいるでしょう。

そこで副業では収入を上げることを意識するのではなく、自分の実力を試し経験を積むことに重きを置くのです。メインとなる企業から収入は確保されているので、小さくはじめる条件としては最高です。

小さな一歩がうまくいけば、次の行動は極めてとりやすくなります。初期のフェーズでは自分が食べられる規模なので、何が起こってもなんとでもできるという感覚を持てるため、これは強いです。

ビジネスのはじめ方もさまざまです。常にゼロからはじめる必要はありません。すでに成り立っている母体からはじめることだってできます。たとえばM&Aを活用する方法です。近年は小規模事業の譲渡サイトが充実しているので、選択肢の一つとして活用しやすくなりました。現に、事業が順調でも後継者がいなくて困っている経営者も多数存在します。

自分が行いたいビジネスモデルに近い企業に少額を出資して、そのビジネスの感覚をつかみながら自分を試していくという方法もあります。この場合、すでにビジネスとして成り立っているので、顧客や社員がいます。この資産を有効に活用しながら自分のビジネスモデルを実行に移すのです。

大きな企業に勤めていても、自分がしたいビジネスを会社に提案して立ち上げることだって可能です。会社にも出資してもらい、自分でも出資します。イントレプレナー（社内企業家）としてのやり方です。

高い山を目指すのは構いませんが、着実な一手、着実な一歩を踏んでからしか高い山には登れません。大切なのはこのことをよく理解することです。**小さくはじめるというのは当たり前の発想のように思えるのですが、いざ自分で行動に移す場合、大風呂敷を広げてしまうのです。**

８割の完成度を積み上げよう

初めて買った商品と2回以上買った商品では、初めて買った商品のほうが圧倒的に満足度が高いと思います。例えば、ビール。一杯目の「ぷっはー」という感覚は絶妙ですが、２杯目からはその感動は薄れてきます。例えば、焼肉。はじめの一口は脳天に雷が落ちたように「旨い！」と感じても、2切れ3切れと口に入れていくうちに、やはり当たり前の味になります。

経済学用語では「限界効用の逓減《ていげん》」といいます。実はこれ、人が作業をするのにも当てはまります。例えば、何か作業をするときに、始めの1時間で8割がこなせたとしても、次の1時間では残りの1割、つまり全体としては9割しかこなせない、ということがあると思います。

作業に関しても逓減が働いているのです。仕事の種類にもよりますが、100%を目指していくよりも、80%の完成度を目指しながら、1時間経ったら、別の仕事に切り替えることにより、2つの仕事の完成度は160%ということになります。

このように考えると、ある程度時間を決めて80%程度の完成を狙い次の仕事を行っていくスタイルは、時間当たりの作業効率を最大に高めることができると思います。

あくまで、そのような作業スタイルが認められる仕事に限りますが。

何かをはじめるときにいきなり100%を目指してしまうと、志半ばで折れてしまいます。

完成度は7割から8割でいいからまずは小さく実際に試してみる。これを繰り返し行うことがポイントです。研究の世界では、8割を9割に詰める作業と9割を95%に詰める作業は後者のほうが圧倒的に時間を費やします。同様に、95％を99％に詰める作業、99％を99・9％に詰める作業と、どんどん時間が必要になってきます。

小さくはじめて、７割、８割くらいで進むという気持ちや態度、非常に大切です。

小さな差の大きなチカラ

良くあるパーティージョークです。

アフリカに出張したビジネスパーソンが２人いました。二人とも上下スーツ姿です。その時突如、目の前にライオンが現れました。そこで一人のビジネスパーソンはビジネスシューズから運動靴に履き替えます。

もう一人のビジネスパーソンが問いかけます。

「お前、シューズを履き替えたからといって、ライオンに勝てると思うの？」

もう一人が応えます。

「いや、お前より早く走れば食われないでしょ？」

小さな行動、小さな取り組み、小さな継続は決してバカにできません。「そんなことしたって……」など、行動を起こす前からアイデアを否定し何もしなかったり、頭で考えるだけで実行に移さない人がいます。しかし時間の経過によって、小さな行動がいつしか手の届かない変化に結びつくのです。

自分がライオンに食べられない限り、何か別の策を考えることができるのです。**はじめることとはスタートです。はじめなければスタート地点にも立てません。**

第7章 継続

「私たちの最大の弱点は諦めることにある。成功するのに最も確実な方法は、常にもう一回だけ試してみることです。」

（トーマス・エジソン）

本章では、継続することの大切さについて整理しました。頭の中では分かっていても、実際に行動を続けることは簡単ではありません。しかし継続さえしていれば、結果は必ずついてくるのです。

- 達成したい自分を演じる
- 考えながら行動する。そして考え続ける
- 一度や二度は「真剣に」「本気で」取り組む
- 今時間を創ることで過去に追われなくなる
- 複利の力を活用する

達成したい自分を演じる

企業で戦略立案ワークショップを行う際に、次のようなゲームを行います。

ワークショップでは4人から5人で1チームを作るのですが、各チームには戦略系コンサルファームのメンバーになってもらいます。そして、各チームが対象企業の戦略を立案してコンペするというシナリオです。それから各チームには社長役を決めてもらいます。

すると、**自分の役割や想定がないときよりも、はるかに高度でより深い議論がなされます。**また、社長役になった人は非現実的な発想に対しての抑制効果や、逆にアイデアレベルが乏しいときに視点を切り替える発言などを行いチームの議論を活性化させます。

ワークショップとは別の事例です。何かの切っ掛けでこれまで知らなかった人とお話をしていて、名刺交換をしたときです。名刺の肩書に代表取締役とついていると、人は反応を示し、それ以後の言葉使いが変化します。多くの人が目の前にいる人の役職によって無意識のうちに言葉使いや話し方を変えているのです。

これらのことから分かるように、人間の認識は思考レベルに大きく影響を及ぼすのです。例えば、父親が会社の経営者で息子は全く経営に無関心だとします。しかし急な理由で息子が社長の座に就かなければならなくなりました。すると、息子はこれまでの人格が全く別人になったように社長の顔になるという話を、実際によく聞きます。

こういった例はほかにもあります。

●例①

大会社で平の取締役だった人が、大抜擢されて先輩方々を飛び越して社長に就任した瞬間、社長として扱われます。周りの扱いもその人を社長と認識したものになるので、ダブルの効果が働きます。振る舞いや話し方が社長になるのです。

●例②

近所の控えめなおじさんが町内会の会長に選ばれたときもそうです。突如としてテキパキ発言するようになり、急にリーダーシップを発揮する場合があります。

●例③

男性が結婚して一児のパパになった瞬間、これまでだらだらしていた性格が急に父親らしくなる場合があります。

このように人は役割によって大きく人格や性格を変化させることができるのです。**役割によって周囲の認識が変わります。その人を見る目やこれまでの扱いが変わることによって、その本人も変わっていくのです。**

これを利用して、自分がなりたい姿をイメージしてその姿を演じることができたらどうでしょうか。きっと周囲の認識が変わることで、自分がそのなりたい姿をより演じやすくなります。そして演じている自分を継続することで、それがいつしか自然の姿となり、なりたい姿になっているのです。

考えながら行動する

ボンド大学大学院MBA開講10周年の記念イベントでのユニクロの創業者である柳井さんからの挨拶のメモです。

「経営は知識を利用して実行します。その知識は自分だけではなく、周囲を含めて一緒に実行することに意味があります。その意味では知識があっただけでは役に立ちません。実行するためには、よく考えて、ほかの人間とどのように実行していくかをとことん考えることが大切です。MBAホルダーは時として、このことを忘れます。知識は誰でも持っています。教科書通りの考えをただ示すだけではNGです。知識は必要最小限でよいのです。それは状況によって異なるので、状況に合わせて使っていく、そして行動することに意味があります。知識を持っただけでは経営はできません。成功のカギとしてあるのは想いです。このようなことを実現したい！　その想いです。あなたが実現したい想いは何ですか？　これをハッキリと持つことが大切です。」

柳井さんは、考えること、想うことを大切にされています。**状況が変われば自分たちも変わらなければいけません**。したがって、徐々に組織も個人も変わっていく必要があるのです。しかし、ただ状況に合わせるだけではなく、自分の想いを持ちながら、「最終的にどうしたいのか？」「どこに行きたいのか？」をしっかりと持った上で状況に対応していくことが大切です。

これは特に困難な状況にあったときに力を発揮します。困難を乗り越えるポイントは、「できる！」と思うことです。しかし多くの人ができないことを考えます。そうなると達成するための方法をはじめから考えようとしないため、当然結果としてはできなくなります。それよりもできることをベースにできるためのシナリオをとことん考え、考えたらスケジュールに落としてしっかりと行動しましょう。

柳井さんの話はさらに続きます。**多くの人の基準値が低い**ことを指摘されていました。「**自分は結構うまくいっている！**」と思っている方が多いと。しかし大切なことは、うまくいっている基準を明らかにしておくことです。そして、その基準を高めていくことです。

失敗に対してもかなりポジティブです。失敗してもよい、しかし死なない程度にする。ここでいう死は倒産です。会社ですから、ギブアップして倒産しなければ失敗を繰り返しても構わないのです。むしろ、失敗したときに「なぜ失敗したのか？」を深く考えて、次にうまくいくために結びつけるのです。これはフィードバックとフィードフォワードの考え方です。

そして、考えてから行う。

とにかく行う。ではなく、**考えながら行い、行いながら考える**。これに意味が出てきます。

常に考えながら行動します。柳井さんのお話に「考える」、「想う」という言葉が実にたくさん出てきました。

考えながら行動することで経営の勘が養われます。これはただ単に経験を積んだだけでは養われません。考え続けることが大切だと感じます。コメントの最後に次の2つのことを言っていました。

◎人生は一回しかない
◎その一回の人生も有限であり、必ず終わりがある

そのために、自分の人生はいい人生だったな、と思えるように努力することが大切です。

一度や二度は本気で取り組む

誰でもできることは、小さなステップを踏み続けることです。そのために何をしたらいいのかを絶えず考えるのです。**その道で成功しているといわれている人ほど、切羽詰まっているように感じます。**まるで自分を自分で追い込んでいるように見えます。きっとその人にとって、

その瞬間が一番どん底なのかもしれません。他人の目に映る自分の姿と、自分の目に移る自分の姿では全く異なるのでしょう。

仕事の環境もそうでしょう。**人は基本さぼること、手を抜くことが好きです。言われたことだけやって、楽をして過ごしたいでしょう。しかし経営者から言わせると、そのような人材は不要です。**楽をして過ごしている人は、頭をひねって何か新しいことを考えるとか、今のクオリティをもっと良くするなどの発想が苦手なのです。

「楽をするために」という発想と、「楽をしたい」という発想は違います。もし、気になることがあったら残業とか定時とか土日とか、そんなことは関係なく気が済むまでチャレンジします。常にそのことを考えるのです。寝ても覚めてもそのことが頭から離れなくなって、常にぐるぐる頭の中で回っている状態になります。

成長している会社と低迷している会社は、会社に入ったときの空気感が違います。勢いのある会社はいつ足を運んでも人が活動しています。動きがあり、目がキラキラ輝いています。電気だって消えることがありません、それはまるで不夜城のようです。

人生において、一度や二度は「真剣に」「本気で」取り組む時間があってもいいと思います。無理をして体を壊すということも考えられますが、無理をしないと実現できないこともあります。そんなときは、**「自分を追い込んでも追い込んでもなんとかなるもの」だと思ってみることです。1日8時間と決めるより、1日24時間と考えた瞬間から時間が3倍になります。**時間が足りないといわないで、とにかくガムシャラに行動する時期があってもいいのです。

意志とエネルギーと集中

多くのアントレプレナー（起業家・新事業を起こす人）や成功している経営者と話をしていて気づいたことがあります。それは、意志、エネルギー、集中力が強いことです。

●意志

何事においても、大成するためにはある程度の努力と根性が必要です。根性とは自分のゴールを達成するためにひたすら諦めないことです。努力を続けていくなかで、**必要に応じて何かを犠牲にすることもあります**。やはりこのような取り組みには強い意志が必要です。

●エネルギー

エネルギーに体の大小や年齢は関係ありません。エネルギーがなければ成功を勝ち取る確率は少なくなるでしょう。「一休みしてから次をやろう」というのは特に、アーリーステージ（スタートアップにおける起業前後の段階）ではあり得ません。**「明日やろう」「時間ができてからやろう」なんていっているうちは、結局何もできないでしょう。**

●集中力

全てに集中する必要はないと思いますが、ここ一番のときには集中力が求められます。皮肉なことに優秀な人は、多くの人から誘いを受けることが多いでしょう。したがって何か一つのことに絞り込むことができないで、さまざまなことに手を出します。何かのときの保険ということで多方面に手を出すことはいいと思います。しかし、**自分のゴールの達成のためには全てのリソースを一点に集中することも大切です。**

ムラ、ムリ、ムダの3Mをやめよう

ムラ、ムリ、ムダ。

これら3つの「ム」をとって3Mといいます。

問題解決のワークショップを繰り返していると、多くの方々の仕事の進め方にムラ、ムリ、ムダのキーワードが観察されます。

なんとなく仕事をしていて、「きっとこうすれば解決できる」と思っていながらも、アクションを起こさないので結果的に何も変わらず5年、10年と経過します。

過去の日本ではまだよかったかもしれません。しかし、あと5年もすると、これはまずいです。競争相手は、同業に加えて、異業種、海外と激しさが増します。しかも、市場は成熟して大手はコストリーダーシップ戦略（競合他社と比較して安い価格帯で商品やサービスを提供する戦略）をとり、規模の経済で勝負をかけてきます。中途半端なポジショニングをとっている企業は無条件で潰されます。差別化をとれる企業も、機能的な訴求は難しくなっています。

そんなときに3Mをやめるのです。

●ムラ

忙しい時期と暇な時期がある場合、これらを平準化していきましょう。季節変動や時間変動での忙しさのコントロールを考えるのです。「頭では分かっている。だけどしょうがないよね……」といって5年、10年が経ってしまうのです。

「勘弁して下さいよ」と皆さん思っているでしょう。固定費を変動費に変えて、変動費で対応していく仕組みを考えるのも大切です。

●ムリ

頑張って自分でやってみるというのはいいことなのですが、最後まで頑張っているうちに時間切れということになるのは本末転倒です。自分の実力をしっかり見切りながら必要に応じて仲間にパスを投げましょう。

また、なんでもかんでも1人で取り組むのもやめたほうがいいでしょう。あれやこれやと手をつけていると、結局どれも達成することはできません。しっかりとすべきこと、すべきでないことの取捨選択を行ってから、実行することが大切です。

●ムダ

「100%の呪縛」を解いてあげましょう。完璧というのは、妄想と考えてもいいかもしれません。「えっ?」って思うかもしれませんが、顧客が求めているものはそんなところにはなく、ほかのサービスであったりします。

何でもかんでもはじめから100％を目指すのは、かえって効率が落ちるのです。要は、顧客がどこまで望んでいるのかをしっかり把握して仕事をすることが大切です。

自分の周りに3Mがあったら要注意です。排除する方法を考えましょう。

未来は自分で創るもの

「過去を清算するのが先か？」それとも、「未来を創るのが先か？」

今忙しくしている仕事や行動が過去の延長線上だったら、その課題を急いで解決し、未来を創る時間を確保しましょう。もし時間がなければ、何かを犠牲にしてでもその時間を確保することを考えるのです。

一方、「過去の課題を解決しなければ今がない。だから、過去の解決が先だ。」という考え方もあります。

過去と未来は必ず鶏と卵の関係になります。したがって、「どちらが先か？」を判断するのは難しいのです。なので結局、これまでの惰性で過去の延長線上で物事を考え仕事をし、行動をするのでしょう。

しかし、**どのような未来があるのかを考えないで、何のために過去の課題を解決するのでしょうか**。今一生懸命取り組んでいることは、何につながっているのでしょうか。もちろん、このようなことを考えなくても、どうこうなることはありません。

これまで通りの考え方、仕事、行動をしていれば、急に状況が変わることはないでしょう。そして、何か特別な将来が訪れることもないでしょう。それは過去の延長線上にすぎないからです。過去の繰り返しを行っても大きな飛躍は望めないのです。

少し、経営の考え方と結びつけてみましょう。経営の世界では、**自分たちでコントロールできることを内部環境、コントロールできないことを外部環境とよびます**。自分の考えや仕事の仕方や行動は、個人の意志でコントロールできることなので内部環境です。

仮に、**内部環境をそのままにして変化を求めるのであれば、外部環境に依存することになります**。では、昨今の外部環境はどうでしょうか。

国内の経済は成長期から成熟期を迎え、市場の規模はよくてステイであり、通常は人口減少に伴ってさらに低迷するでしょう。このような環境下では、同一の市場を多数で奪い合うことになります。さらに、別の市場へ可能性を求めるため、異業種での競争、国境を越えた競争が激化します。

ロシアとウクライナの影響は世界的に原材料の不足をもたらしました。世界中のサプライチェーンが複雑に絡み合い、どこかで不足が起こると、それが連鎖して日本の経済にも大きな影響を及ぼす状況なのです。

さらに、国内は生産人口の減少、少子化、高齢化などが加わり、国内の消費がますます低迷することも明らかです。

少し考えるだけでも分かりますね。**外部環境に任せても状況はちっともよくならないのです**。だったら、**内部環境を自分の意志で変えていく必要があります**。そう、過去の継続のままでは、どんなに頑張ったとしてもステイ。場合によっては悪化することも考えられるのです。

未来を創ることの大切さは、このように考えると少しは腑に落ちると思います。我々人間が持つ時間は24時間365日平等です。**「過去の仕事に追われて時間がない」というのは、ただの言い訳にすぎないのです。今時間を創ることができない人は、一生過去に追われることでしょう。**

時間がないことはない

経営資源にはヒト、モノ、カネ、時間などがありますが、**時間だけは借りることも、雇うことも、買うこともできません。そして簡単に消滅します。もちろん蓄積することはできません。**時間は永続的に流れていき、逆戻りさせることもできません。ほかの経営資源であれば限界こそありますが、代替することは可能です。

時間はあらゆることにおいて必要な資源ですが、その重要性はあまり理解されていません。結果、時間感覚への対応が鈍くなるのです。過ぎ去った時間は過小評価されています。この理由は時間の管理を記憶に頼っている、つまり頭の中で処理しているからです。

実際、直近の一週間をどのように過ごしたのか、思い出してみてください。そして記憶で確かめた時間と実際に過ごした時間を比較してみてください。もちろん、これができた時点で記憶に頼る管理ではなく記録による管理をしていることになります。ですが、ほとんどは思い出すこともなく確認も難しいでしょう。

法人営業の営業パーソンに、仕事で過ごした時間を大きく３つに分けて思い出してもらう実験を行いました。

❶会社で過ごす時間
❷顧客と過ごす時間
❸移動時間

記憶に頼った場合、会社で過ごす時間と顧客と過ごす時間が同程度で、移動時間はわずかです。しかし、実際に記録してもらい、結果をグラフで表すと、最も多くの時間を費やしているのは皮肉にも移動時間か会社で過ごす時間でした。

会社で過ごす時間は、営業会議や資料作りやその他の雑作業です。付加価値を生むものもあれば、付加価値を生まない作業もあります。そこでプラスマイナスゼロと考えます。

顧客と過ごす時間は、商談やニーズを聞き出したりする仕事なので付加価値を生む時間です。ここはプラスですね。

そして移動時間。営業パーソンによっては移動時間に携帯やPCを使って仕事ができるといいますが、実態は難しいでしょう。したがってここをマイナスとします。

記憶に頼った場合、会社で過ごす時間と顧客と過ごす時間が多いので付加価値はプラスに傾きますが、記録に頼った実際の時間を見てみると、多くは移動時間か会社で過ごす時間です。付加価値はマイナスに傾いているのです。

この傾向は、１００社近くで行った傾向値です、ほとんどの法人営業で当てはまります。ドラッカーは言います。「われわれは、どのように時間を過ごしたかを、記憶に頼って知ることはできない。」と。

「時間が足りない！」と嘆く前に、時間を管理することが必要です。そして、時間を管理するためには、まず自分がどのように時間を使うのかを計画して、その計画と実際を比較する。そのために記録が必要なのです。

時間を創る

ワークショップで次のような質問を経営者の方からいただきます。

「将来のビジョンを考えながら、現在とのギャップを埋めるためには時間の確保が必要なのは分かります。しかし、実際は色々な仕事に追われて時間が確保できません。どうすればいいですか？」

この質問は会社経営だけではなく、全ての人において当てはまると思います。現在取り組んでいる内容は、過去に発生した問題の解決です。つまり、現在取り組んでいる仕事が完成しても、それは過去に考えた内容の結果です。

一方、新たなビジョンを考えて、それに向けて取り組む場合、過去の延長では達成できにくいことを知っています。したがって、新たな行動をはじめなければ達成する確率はゼロのままです。

ここにはパラドックスが存在します。**今の仕事を片付けなければ将来につながらない。しかし、今の取り組みは過去の延長なので、自分が考えた将来のビジョンに直接つながりにくいのです。**

ビジョン達成のための時間の投資は重要です。時間を生み出すポイントも「整理」にあります。将来のビジョンと現状のギャップを整理して、「どのような取り組みが必要なのか？」を選択肢にします。そして、「何からはじめるか？」の優先順位をつけることが大切です。加えてそれぞれの仕事に時間を見積もることです。「どのくらいの時間がかかるのだろうか？」という予測です。

予測ですので100％一致している必要はありません。しかし、その位の時間をかけて行動が伴わなければ達成できにくいということはわかります。そして、将来のスケジュールを開いて、先に時間を確保していくのです。

私のスケジュール帳は、月曜日、月末は予定を入れないようにしています。将来につながる何かが発生した場合、月曜や月末をあけておくことで、取り組むことができるからです。20代後半から30代前半までは、ガムシャラに仕事をするために、発生ベースでスケジュールを埋めていました。すると売上も利益も積み重なるのですが、自分が考えている理想の姿からはほど遠く、ずっと多忙極まりない時間が続いていました。

理由は簡単で、**スケジュールが常に埋まっていることで、将来に対しての取り組みを考えたり、仕込んだり、実際に行動する時間が取れなかった**からです。３６５日24時間を過去に発生した問題解決にあてていれば、やはり明るい将来にはつながらないのです。

事業会社のコンサルをしていて、安定的に伸びている、もしくは業績が好調の企業の経営者は時間の使い方が上手です。一言で表すと、他人からコントロールされずに、自分で時間をコントロールしています。一方、低迷している、なかなか成果がでない企業の経営者は他人に振り回された時間の使い方をしています。

複利のチカラ

20世紀最大の物理学者とも称されるアインシュタインが「人類最大の発明」と呼んだものが、

特殊相対性理論でもブラウン運動の理論でもなく、「複利」でした。複利とは元本だけではなく、利子が利子を生む考え方です。対になる概念は「単利」で、これは最初の元本だけが利息を生み続ける仕組みです。

たとえば、10万円を年利5％で30年間運用すると複利ではおよそ43万2千円になり、単利だと25万円になります。この約1・7倍の差は利子を元本に組み入れ、大きくなった元本に対して利子を得ることでお金がお金を生み出す構造になることで発生します。継続的に続けることで時間が経過するにつれてリターンが大きくなるのです。

この考え方は、我々の行動や思考にも当てはまります。**目的に沿った方向性に対して、毎日着実に駒を進めて行動をすると、年の経過とともにスピードが高まり、成果を生みやすくなるのです。**

AさんとBさんがいます。どちらとも同じ能力の持ち主です。ある時から、Aさんは、毎日、Bさんよりも1％だけ努力することを決め、1年間継続しました。同じようにBさんは、Aさんにばれないように、毎日1％ずつ、楽をするようにしました。果たして、Aさんと、Bさん

図21　複利の効果

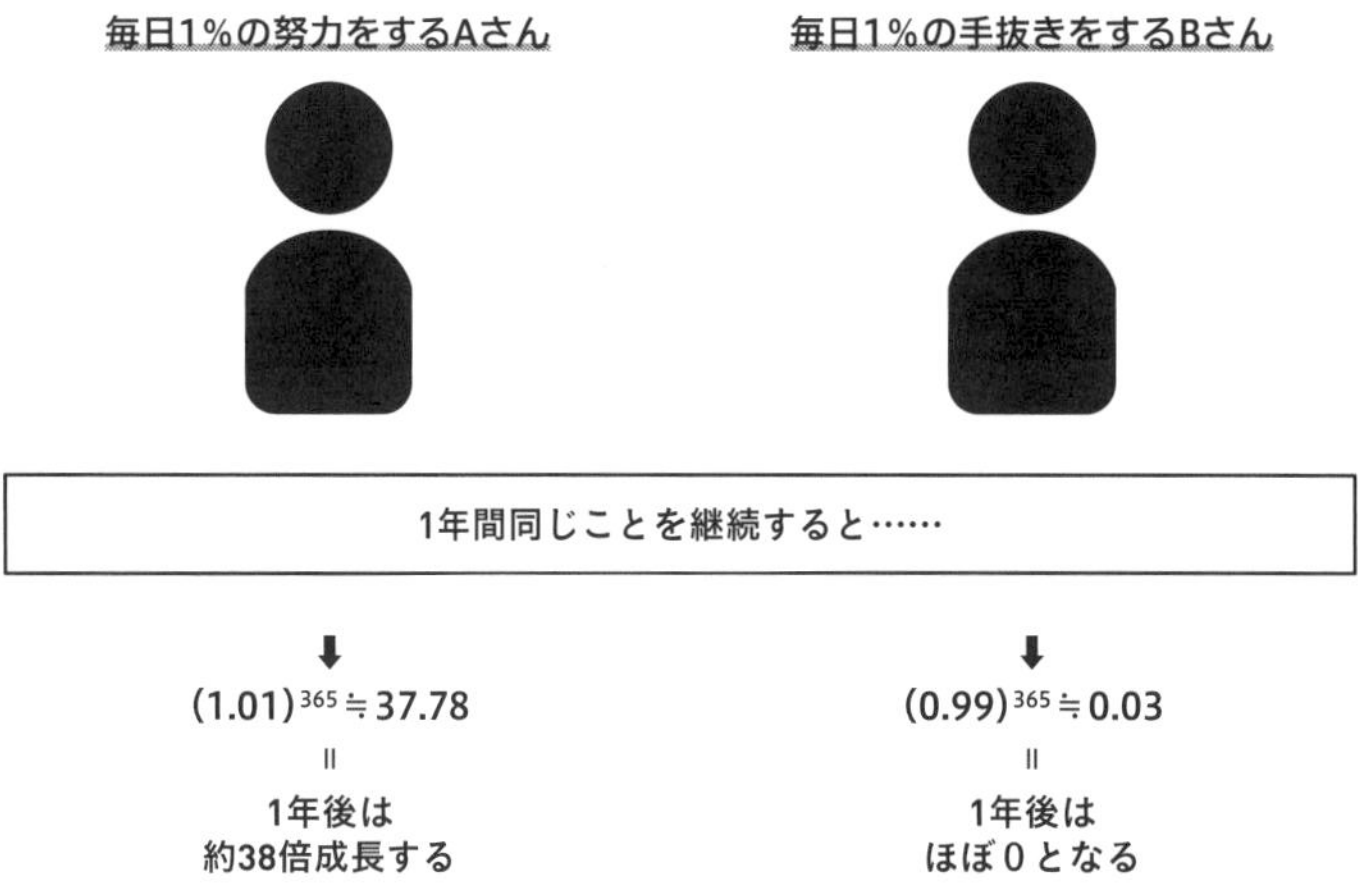
毎日1%の努力をするAさん
毎日1%の手抜きをするBさん
1年間同じことを継続すると……
(1.01)^365≒37.78
＝
1年後は
約38倍成長する
(0.99)^365≒0.03
＝
1年後は
ほぼ0となる

にどのような変化があったでしょうか。

Ａさんと Ｂさんの能力は元々同じで１００だとします。Ａさんは毎日１％努力をするので１・０１の取り組みです。同様にＢさんは毎日１％手を抜くので０・９９の取り組みです。これを１年間継続すると、複利の効果が働くとして、上図のようになります。

長期的な取り組みの中で、毎日コツコツと続けることで、物事の理解や効率が急激に上がります。これはティッピング・ポイントと呼ばれ、ある閾値《いきち》を超えると人は一気に成長スピードが高まります。ここにも複利の効果が効き、一定の条件を超えたタイミングから巨大な変化を起こすのです。

どのような取り組みでも、3年、7年、10年と継続的にコツコツ取り組むと、当初は想像できないくらいの成果を生みます。行動を続け試行錯誤する中、失敗と成功を繰り返しさまざまな知見や知恵を体験とともに脳が吸収していきます。そして、そこで得た人脈もあいまって、さらに相乗効果を生み成果に結びついていくのです。

私は取り組む事業ごとに会社を分け、それぞれ別法人で運営しています。先ほどの複利に関する感覚は、実際に一つの事業を7年から10年程度継続するなかで起きています。これまでの仕込みが急激に成果に結びついたり、過去の人脈の接点が思わぬ形でいい方向に向かったり、などです。

もちろん、これまで述べてきたように目的や目標をセットして、そこに結びつく行動を続けた結果だと思います。しかし、アインシュタインが言うように、このことは人類最大、あるいは自分の中で最大級に大きな発見になっています。

締め切り効果は有効

締め切り効果とは、時間を区切って実行することで、スピードと精度を高めることです。
会社勤めの人は特に定期的に会議を行うかと思いますが、延々と会議を繰り返すのは時間の浪費であるだけでなく、建設的なアイデアもなかなか出ません。漠然とした目標を達成するために時間をかけて延長するのではなく、期間を固定してその期間内で完了する目標を設定します。

例えば、「**この議題に対しては30分で決着をつけます！**」とあらかじめ全員に周知して議論を開始するなどです。**期間を決めることによって、成果を出そうとする意識が働き、議論の脱線も起こりにくくなります。**

「そんなはずはない！」と言いたくなる人もいるかもしれませんが、締め切り効果を体験したことがない人はいないでしょう。締め切りぎりぎりになると何がなんでも決着をつけないといけないのでなぜか頑張れてしまい、そして締め切りを過ぎてしまえばその目標は達成できているのです。これも締め切り効果のおかげです。

ただ私は、小さな仕事や仲間からの依頼、顧客からの頼み事は締め切りを決めずに発生ベースでこなすようにしています。そうしなければ、どんどんとタスクがたまっていき、消化不良を起こすからです。自分だけが身動きが取れなくなるのは良いですが、仲間や顧客は私の成果を待って次の仕事につながります。そのような場合は、できる限りボールを早く渡すのです。

一方で、ある程度時間に余裕があり、思考を熟したい内容は、あえて取り掛かることをせずに、日常的に頭の隅で考えています。そして、ある程度締め切りが近づいたときに、一気にアウトプットしていきます。アウトプットする時間帯として最もいい時間帯は、朝起きてすぐでしょう。直前まで考えていて、寝ている中で思考が熟され議論する内容が固まっているからです。後は、起きてそれらを書き出して整理するだけで完成です。

何かを完成させる場合、「いつまでに、どのような行動をして、どのような完成品を作るのか?」ということを具体的にイメージしながら、納期がいつまでかを考えてスケジュールに落とします。そのように締め切り効果を使うことも有効でしょう。

第8章 気持ちの切り替え

「ミスを犯したことがない人は、新しいものを試したことがない」
（アルベルト・アインシュタイン）

良いスタートを切り、行動を継続できていても、ふとしたことで歩みを止めてしまうことがあります。あるいは気持ちが乗らないときもあるでしょう。人によっては挫折を経験するかもしれません。本章では、そんなときの気持ちの切り替え方について整理しました。

- 「答えはない」という立場になる
- 「自分の敵」は「昨日の自分」
- 選択肢を持ち、意思決定する
- 諦めることも大切
- たまには池の大きさを自分にあわせて調整する
- 偏った視点に執着し囚われない
- 嫌なときは少し手を休めて違うことをする

答えがない世界に答えを求める愚

「答えがない世界に答えを求める愚」

経営コンサルタント、起業家である大前研一さんの言葉です。絶妙な言葉だと思いませんか？


これまで義務教育で受けてきた授業では、必ず答えが存在していました。例えば国語の授業でもそうです。私の国語の成績は偏差値でいうと40以下。つまり、最低レベルです。ただし、自分なりに疑問を持っていました。例えば、国語のテストで次のような問題がありました。

「著者はどのような気持ちでこのような表現をしたのでしょうか？」

この問いに対して、「本なんて読んだ人が受け取った気持ちが大切じゃないの？」「著者の気持ちなんて誰も分からないし、まして、テストで答えを求めるのはナンセンスじゃない？」と思っていたのです。

また、「仮に、答えがあったとしても学校の先生が著者と相当に仲良しでなければ、その気持ちなんて分からないはず」とも思っていました。今思えば、かなりあまのじゃくな発想です。加えて本をほとんど読まなかったことが国語の読解力を低下させた原因だと今では反省しています。

ただ大切なことは、文章を読んで感じたり、考えたり、あるいは行動を起こすことです。人がどのように考えたかを議論したり、シェアしたりすることは大切です。しかし、その考えに**正解・不正解と２択で決めつける必要はない**と思います。特に現実世界では、唯一の答えを探すほうが苦労します。**むしろ絶対的な答えなんて存在しないのではないでしょうか**。

時代背景や置かれた状況、経営資源の制約など、さまざまな要因によって考え方が流動的になります。そのようなとき多面的なモノの見方ができることが大切です。その上で、問題を解決していくといった能力のほうが今を生き抜くためには必要です。

近年のグローバル化においても、「答えがない世界でどう生きるか？」が求められています。結局、グローバルという言葉は存在しても、その実態が形あるものではありません。すでに存在しているものでもありません。つまるところは、万人の万人に対する戦いの現場であって、そこでは何よりも起こっている本質を突き止める力が求められるのです。

新型コロナウイルス感染症をきっかけに、日本も大きく変化しています。本質を捉えて行動する企業は生き残り、言われた通りの行動しかとらなかった企業は淘汰《とうた》されます。今回の危機に対しての経営者の行動のあり方にも正解はありません。各自が各自の判断にもとづいて行動をするのみです。

ゆでガエル理論という言葉があります。これは、ゆっくりと進行する危機や環境変化に対応することの大切さや、そのむずかしさを例えた言葉です。ぬるま湯に浸かったままゆっくりお湯の温度を上げても、動じることなくゆで上がってしまうカエルを例えたものです。実際には、カエルを湯に入れると飛び出す前に死に至るそうです。世の中、ルールが変わっているのに、過去の常識をベースに、考えない記憶に頼った判断だけではゆでガエルになるでしょう。

ルールや常識は変化します。変化する世の中に対して、次のようなことを考えられなければおそらく淘汰されていくでしょう。

◎新しい世界がどうなるのか想定する
◎それに応じた打ち手を講じる
◎「なぜそうなるのか?」と自問自答する
◎全てを鵜呑みにするのではなく、常に自分で考える
◎1カ月後だけではなく、1年後、3年後、5年後、10年後を見据えて考えて動く

そんな私も、「答えなんてない」と気がついたのは、社会に出て再び大学院で学びはじめてからです。それからは「自分が掲げた目的の達成確率を上げるために何をするか?」を徹底的に考えました。そして行動して、修正しながら成果に結びつけています。

「答えはない」という立場になることで、自分で考え、物事を理解するようになり、さまざまな捉え方が大きく変わりました。

自分で障害を作ってしまう

「自分の敵は?」と聞かれたら、私は「昨日の自分」と答えます。昨日の自分と比較して、何か一つでも新しい発見や学習、進歩や進化がなければ、継続的な成長はないからです。そして

何よりも自分の最大の敵が自分自身であることは少なくありません。

常に自分が自分の邪魔をしています。誰だって、自分のことをよく考えます。いい方向へ自分を進めたいと思います。しかし、一方で自分のゴールや夢を達成することは、とても困難なことだと認識しています。進む方向を知っていても、一歩を踏み出しません。進み出しても、言い訳をつくって進むのを止めてしまいます。

人は自分の目指すべき方向にわざわざ障害物を置くようです。このことをセルフハンディキャップといいます。自分のことを優れている、優秀だ、能力があると信じるあまり、失敗することを極度に恐れます。自分の自尊心が壊れることを嫌います。そこで意図的に自分の目指す方向や道に対して障害物を置き、失敗する確率を高める行動をとるのです。

一見矛盾していますが、自分が失敗して落ち込まないように自己防衛をしているのです。**自分で障害物を設定することで、失敗したからといって、自分の能力が低いという理由にはなりません**。むしろ、自分に対しての言い訳ができるため、自尊心を保つことができるのです。

学生のとき、試験が近づくと急に机の上を片付けはじめたのを覚えています。そして全く違う科目の勉強や本を読みはじめました。そんなことをすれば当然テストの結果が悪くなるのは分かっているのに。しかし、お粗末な試験結果は、その行動をとったことによって、本来の自分の能力ではない、という言い訳をすることができました。

積極的に自分を高めないという考えは、ある意味、自分のとった選択肢の結果であって、実力とか能力とかの問題ではないのだと考えます。まさに言い訳を個人でつくる傾向がセルフハンディキャップです。

しかし、これは**明らかに自身のパフォーマンスを低下させています**。意図的に、故意に失敗要因を作り出し、失敗は自分のせいではないと弁明できる状態をはじめから準備するからです。自分に不利な工作をしておく、最初から降参する、そもそもゲームに参加しない。競争を極度に嫌う。チャレンジしない。

一方で人が大きく学ぶ瞬間は、何かを達成したとき、達成しながらも紆余曲折しているとき、あるいはずたずたになって失敗したときです。何か目標を見つけては繰り返し挑戦し、他人が「無理だよ」と言ってもとにかく達成することにフォーカスして行動を続け、そして小さく、少しずつ自分を乗り越え続けるのです。

自ら努力を放棄することで自分のプライドを守っていては、いつまで経っても自分が変わることはありません。

悩むことと考えることは全くの別物

悩むことと考えること。この2つの言葉を使い分けることには意味があります。

仕事をするうえで悩む。仕事をするうえで考える。一見、同じようですが全く異なります。

前者は前に進むことができず停滞している様子であり、後者は前に進むために行動に結びつけている状態です。

辞書を引いてみました。

●悩む

決めかねたり解決の方法が見出せなかったりして、心を痛める。思いわずらう。

●考える

知識や経験にもとづいて、筋道を立てて頭を働かせる。判断する。結論を導き出す。

なるほど。**悩むがマイナスかゼロだとすると、考えるはプラス**ですね。企業研修やワークショップを行っているとき、ケーススタディや議論の時間、多くの参加者が悩んでいます。したがって、結論に至りません。

皆、正解にこだわっているのが原因だと感じます。しかし、仕事やビジネスで唯一無二の正解など存在しません。正解か否かは実行して収益が上がるまで分かりません。一度収益を上げたからと言って、状況が変われればまた停滞するかもしれません。答えはないのです。しかし、やみくもに手当たり次第行うのでは芸がありません。そのために考えるのです。

つまり、**考えるとは現時点での最高の解であり、さまざまな制約条件をクリアする解でもあります**。場合によっては解が複数出てくることもあるでしょう。しかし、全てを実行して検証できるほど資源を持つ人はほとんどいません。したがって、最終的に「何をするのか?」「何をしないのか?」という意思決定を行う必要があります。

悩むことは選択肢を持たないで意思決定もしないことです。
考えることは選択肢を持ち意思決定をすることです。

なるほど、やはり前者はマイナスかゼロで後者はプラスですね。

みんな誰でも価値がある

「付加価値をつけないといけない」

よく聞く言葉です。

なんとなく自分にも言い聞かせていると思いますが、ではその付加価値とは何でしょうか。

私は、付加価値とは**誰かが喜んでお金を払ってくれる対価**だと思います。ビジネスの場合、この誰かは顧客になるでしょう。同等の商品（製品やサービス）があっても、喜んでお金を払ってくれるものや、同等の商品があっても、わざわざ買いに来てくれることなどです。

付加価値を万人に対して提供するのは難しいことです。誰かにとっていいものは、誰かにとって不要なことが多いです。よかれと思ってしたことが、相手にとって不快なことかもしれません。

万人に対してよくしようとすると矛盾が生じます。万人に対しての提供は、無責任なのかもしれません。万人が一様に喜ぶように物事を調整すると、そのこと自体が机上の空論になり、誰もが喜ばなくなるかもしれません。

付加価値を提供するためには、諦めることも大切です。誰かに対しては提供できるけど、誰かに対しては提供しないというように、メリハリをつけて、誰に対して提供するかをしっかり決めることです。その誰かを特定することができれば、そのような人たちが喜ぶことを徹底的に考え抜きます。とても大切なことだと思います。

付加価値を提供するために大切なことは、一度決めたことを継続し、ぶれないことです。その付加価値に対価を払ってくれる人は、喜んで払ってくれています。それには理由があります。その理由を無視して商品ラインを展開したり、商品を改良したりなど、よかれと思ってしたことが、ファンからするとありがた迷惑かもしれないのです。

小さな池の大きな魚になれ

現在、日本で急成長している市場は、多くありません。世の中のライフサイクルを考えたとき、ほとんどの業界は成長後期、もしくは成熟期を迎えています。企業は、自社を存続させるため、成長が鈍化する前に新しいビジネスを立ち上げます。

これは大企業や中小企業にとって共通する概念ですが、企業の規模によっては対処が異なります。大企業は多くの雇用があるため、新しいビジネスに対しても大きなリターンを求めます。したがって、**大企業は小さな市場よりも大きな市場に乗り出します**。経営者が合理的な判断をすればするほど、今後成長するかもしれない小さな市場より、すでに成長している、あるいはすでに大きな市場で、上記のような意思決定を行います。

大きな魚は小さな池では満足できず、大きな池に自ら飛び込み、もともといた大きな魚と喧嘩をするのです。結果、初めから厳しい戦いが待っています。

一方、小さな市場はどうでしょう。やや乱暴ですが、大きな魚にとっては小さい池なので魅力を感じません。大きな魚が入り込みにくいのです。**小さい池だと小さな魚でも優位な環境を構築する可能性が高くなります**。

小さな市場であっても、中小企業や個人にとっては十分な旨みがあります。そこでシェアを拡大しながらニッチに強い企業になれば、大企業との競争もなく、その分野からは、他のクライアントから名指しで指名されるようになるでしょう。

小さな市場が大きく成長しはじめ、大きな資本が参入してきても、早く参入した分、小さい資本の企業にとってはアドバンテージがあります。競争もあるでしょうが、乗り越えられる可能性が高くなります。

ということで、**大きな池の小さな魚になるよりも、小さな池の大きな魚になったほうが、資本が小さな組織や個人にとっては初期の活動がしやすい**のです。

個人でも優秀な集団の中で成果が出なかったり、大きな組織の中で成果が見えなかったりするのはよくあることですが、当人がその中にいれば分からなくなります。

そのようなときは、一度その塊よりも一つ小さな塊に身を移してみてはいかがでしょうか。

これまでできて当たり前と思っていたことが、実は多くの人にとってはとても価値が高いことだった、という風に気づくことが多々あります。**物事の優劣は常に相対的です。周りが大きければ自分が小さく見え、小さければ自分が大きく感じられます。**

だったら、たまには池の大きさを自分に合わせて調整することも大切です。

光があれば陰がある

物事を論理的に整理すればするほど、かえってどうしたらいいのか分からなくなることがあります。陰と陽のように互いがからみ合い、メリットとデメリットがせめぎ合っているのです。

◉単純化することで現実や実践とかけ離れる

論理的に考える過程で、論点を単純化して整理することがあります。起こっている事象を因数分解することで、モレなくダブリなく包括的に考えることができるようになります。また、全てを因果関係で説明するため高い論理性を持たせます。

結果、次のようなメリットがあります。

- 単純ゆえに議論がしやすくなり理解しやすくなる
- 包括的なアプローチであるためモレやダブリが少なくなる
- 論理＝因果関係を軸として考えるため説得力が高い

一方、デメリットは単純明快なので、逆に現実や実践とかけ離れてしまうリスクがあります。「理屈はあっているけど、そう単純じゃないんだよ！」なんてことに陥ります。

●多様性に欠け画一的になる

論理的なアプローチで出した仮説は、多様性に欠けるという弊害があります。例えばビールの場合、主要なビール会社が論理的なアプローチで商品企画をした結果、新製品といってもほぼ画一的なビールばかりになります。このことはビールに限らず、あらゆる商品で観察できます。この結果、商品に特徴がないものは値下げして価格競争に陥ります。

通常、コスト削減、経営プロセスの改善、プロジェクトの効率化などには多くの人を巻き込みながら進めるため、論理的な説得と意思決定が必要になります。ここでは論理思考はフィットします。一方、新しい市場を生み出すイノベーションが絡んだ案件には、論理的な思考だけで実現することは難しいかもしれません。

●手法に執着してしまう

論理思考を活用すると、短時間で仮説を導けます。出した仮説は明確な説明ができるだけでなく、同時にその仮説に説得力を待たせることができます。しかし実際は、考えるためのツールの1つにすぎません。したがって、論理思考に執着してしまい、本来重要な「考えるプロセス」が軽視されることが多々あります。

プラスがあればマイナスがあり、メリットがあればデメリットがあります。
できる時期があれば、できない時期もあります。
気持ちが高ぶっているときもあれば、低下しているときもあります。
長続きするときもあれば、飽きっぽくなることもあるのです。

何にでも裏があったら表があります。陰陽説のように全ては表裏一体ということを認識すると、片方のことだけに執着したり、囚われたりすることが少なくなります。

その道の人に聞いてみる

何かを行うとき、迷いが生じるものです。はじめて起業するとき、金融機関へ融資をお願いしにいくと、「事業計画書を持ってきて下さい」と言われます。しかし、何から手をつけていいのか分からないものです。初めて雇用するとき、どのような点に注意をしなければいけないのか、悩むところでしょう。初めて海外企業と取引をするとき、どんな落とし穴が待っているのか、不安になることでしょう。初めて事業を買収する際、どのような手順で進めるかイメージができないでしょう。

多くの場合、経験や情報や知識が不足していることが理由です。**一度経験さえ積んでしまえば、２回目以降は徐々に不安が払拭されますが、はじめてのときは「どうすればいいのか？」という全体を俯瞰《ふかん》することができません。**したがって、**すべきこととすべきでないことの判断がつかず、意思決定のタイミングが遅れてしまいます。**あるいは誤った意思決定を行うかもしれません。

そんなときに利用するのがコンサルです。コンサルは経験や学習やほかのケースをベースに豊富な情報や知識を持っています。もちろんある程度の費用がかかりますが、それでも大切な時期にタイミングを逃すと、そのチャンスは一生やってこないことだってあるでしょう。そのことを考えると、費用対効果が高いのです。

一つの意思決定が誤った方向に進むことで、将来の利益を取り逃がすことだってあるかもしれません。そう考えると、高いコストではなく、むしろ質の高い投資と考えることができるのです。

事業会社の経営者が意思決定をするとき、占いをあてにする話を耳にします。悩んでいるということを整理する点においては悪くはないでしょう。しかし、占いの結果というのは、占いの知識によって導き出されているため、経営やマネジメントの知識や体験が不足している場合がほとんどです。つまり、その判断が正しいのかさえ疑問です。

問題は、「悩んだときに誰に相談するのか?」というところでしょう。大切な時期、重要な意思決定を行うとき、知らないコンサルに頼むのは気が引けてしまうものです。そこで医者とは友達になれ、というのと同じように、日頃から自由に意見交換や相談できる相手を数人確保しておくことが大切なことだと思います。

気が乗らないときの切り替え方

安定的に成果を上げ続けるための秘訣があります。

それは、**目標達成に意味のある行動を継続すること**です。そのためには、毎日同じことを行う必要があります。繰り返し、バカみたいに、諦めずに。

結果は、行動を継続した後についてきます。そして１００％結果が出るものではありませんが、長年行動を続けていれば、ある程度は確率に従います。例えば、打率３割の人が安定的に10回提案を行えば、およそ3件程度の受注が取れることでしょう。

そして、その前提が継続と学習です。

人はロボットではありません。感情があります。調子がいいときはいいですが、悪いときはうまくいきません。しかし、プロは、少なくとも成果に対して対価をもらいながら行動をしているため、そうも言っていられません。

大切なことは感情のコントロール、モチベーションの維持です。これは、常に高くあり続けなければいけないということではありません。自分のモチベーションが低下しているときに、いかに早く、何もなかったかのように切り替えられるかが大切なのです。

私のモチベーション維持の方法は、嫌なときは少し手を休めて、違うことをすることです。しかし、違うことばかりしていても意味がないので休憩したり、体を動かしたりして切り替えます。

人によっては、次のいずれかの方法で気持ちを切り替えているのではないでしょうか。

●気持ちの切り替え方①

先に予定を決めてから行動する。予定があれば、それを必ず成し遂げなければなりません。意思の強い人はこの方法が良いでしょう。

●気持ちの切り替え方②

その日の調子が悪いときは、その日は諦める。そして、次の日になった瞬間に朝早起きして時間を挽回します。この方法は、午前中にもしモチベーションが低下したら、午後の時間を有効活用できません。しかし、次の日は切り替えて新しくチャレンジできるのであれば、それはいい方法だと思います。

●気持ちの切り替え方③

成果を上げることを気にせずに、目標達成のために淡々と行動を継続していく。これはまさに確率で物事を考え、行動の結果が成果につながると信じ、毎回の行動の結果をあまり意識しない人でしょう。

●気持ちの切り替え法④

ダメな時に、「いかに自分がダメなのか？」を他人に話して満足する。それでスッキリして、また次から新たな気持ちで継続するのです。

●気持ちの切り替え方⑤

気分が高まっているときや、反対に気分が乗らないときも、それは全て脳が創り出した幻だと考えて継続している自分の調子に思考を戻す。

やる気や気分など、「気」がつく言葉は全て脳が創り出していると考えるのです。

共通することは、モチベーションをコントロールする方法を各自明確に自覚していることです。そして、その方法は、「必ずこうしなければならない！」というものではなく、個々人によって適切な方法があるということです。モチベーションが低下していることを認め、何かのアクションに絡めて、新たな気持ちでスタートする方法を理解しているのです。

止まったときは誰かに話そう

コンサルタントの傍ら、自身の会社の意思決定をしなければならない場合が多々あります。それでも常に満点の理想の姿を目指しながら、継続的に完成形を追いかける自分がいます。

そんな中、ワークショップを行なっているときや経営者と話しているとき、自分のメンターと話をしているときや仕事のパートナーと話をしているとき、妻や子どもたちに話すとき、その都度教え導いていただく自分がいます。

自分の考えを共有し、ぶつかっている課題を他者と共有することで、すべきことが整理されていくのです。

世の中、先生と生徒という関係がありますが、人生では、その関係が頻繁に逆転するものなのかもしれません。さまざまな視点で物事を捉え、顧客だったらどう考えるだろうか、どのような意思決定が妥当だろうか、できないと思っている理由は何かなど、ひとりで考えていることを他者と共有することによって、客観的な何かが見えてくるものかもしれません。

松下幸之助さんの著作には、随所に「素直」という表現が出てきます。この素直さは、貪欲に人の話を聴くことかもしれません。実際、松下さんはとにかく人の話を良く聴く方だったそうです。衆知を集める。自分の周辺の現場を知る社員たちが一番の知恵を持っている。そして、一番会社のことを大切に思っている。その人たちの知恵を集めると怖いものはない。それが良い経営の方法なのだ。松下さんは、そのように教えています。

本や論文、新聞やWeb媒体からも学ぶことが多々あります。毎日、貪欲に知識を吸収し、**目的達成のためのインプットとアウトプットの繰り返しは当たり前で、これを行わなくなったら、あるいは、その行動に楽しさを覚えなくなったらピンチかもしれません**。

Garbage In, Garbage Out、略してGIGOというコンピューター科学でいわれる言葉があります。「欠陥、あるいは無意味な入力データは無意味な出力を生み出す」という概念です。コンピューターの黎明期から存在する言葉で、今日においても当てはまります。良質なアウトプットを生み出すためには、インプットを続けなくてはいけません。そして、そのインプットもアウトプットを意識しながら行うのです。また、インプットばかりしてアウトプットをしなければ、頭でっかちになります。

それからインプットなしにアウトプットばかりでも塩梅がよくありません。成果は出ているように見えますが、中身がスカスカなアンパンみたいで価値を生みません。学習と成果を出すための行動を自分のペースで続けることが大切なのです。インプットとアウトプットは常にセットで考えましょう。

第9章 全ては自分ごとである

「誰だって、自分の人生という物語の主人公なんだ。」

（ジョン・バース）

創造的な仕事こそ、意義が大切です。世の中のテクノロジーが発展してきたことで、小さくても力を持てる時代になりました。だからこそ、社会や会社や自分の仕事に対して、当事者意識を持ち自ら目標設定を行わなければなりません。本章では変化を捉えて、絶えず柔軟に対応する思考について整理しました。

- 社会的に意義ある行動を取り続ける
- 当事者意識を持ち、自ら目標を設定する
- 小さくても力を持てる時代の到来
- 文殊の知恵になる
- 変化を捉えて絶えず柔軟に対応する

アメとムチの説明書

モチベーションのコントロールにおいて、アメとムチの話題は多いです。しかし、ダニエル・H・ピンクは著書『モチベーション3.0』で疑問を投げかけました。

「ITの進化で、世の中がフラットになり、人々が組織の境界を越え自律的にコラボするようになった。そして、この形態がイノベーションを発揮するための基本的なスタイルとして定着している。アメとムチで動機付け出来るものではない。」

変化が穏やかな時代や型通りの手順に従った仕事、いわゆるアルゴリズム的な仕事においてはアメとムチは効果を発揮していました。しかし、変化が激しく、柔軟な発想や創造力、全体を構想する力や問題解決能力が求められる仕事、いわゆるヒューリスティックな仕事に対しては、アメとムチが効果を発揮しない場合が出てきました。この手の研究は科学レベルの進展とともにどんどん深化しています。

興味深いことがいわれています。**人は見返りを求めずに、社会的に意義ある行動をとり続け**

ることで、そのこと自身が楽しくなる、報酬を得ている状態になるというのです。この状況はフローと呼ばれます。人はフロー体験が増えることで人の幸福度も高まるというのです。ドラッカーが理想のマネジメント形態を最終的には NPO に求めた理由も偶然ではないでしょう。ドラッカーが目指した理想の組織は、「目標と自己管理による組織経営」です。社会的に意義のある目的や目標を共有し、従業員一人ひとりが自律的に、その実現にイキイキと向かう組織を目指していたのです。

フローの状態を考えれば、報酬によって、その仕事や作業の成果を最大化させることは逆効果を生む場合があることが分かります。特に、独創的な考えやひらめきを必要とする仕事においてそのような傾向が考えられます。

多くの実験結果で、ひらめきや創造性を必要とする作業において、報酬を事前に示した場合、その報酬額が大きいほど良い成果を収めることができなくなります。一方、その仕事が単純作業や繰り返し作業で、頭を使わない部類の仕事であれば、報酬による成果の最大化は効果的です。ひらめきや創造性を必要とする作業は、報酬の大小は成果とむしろ反比例する傾向にあり、頭を使わない部類の仕事はある程度比例するのです。

この研究結果は重要です。「人の動機付けをどのようにするのか?」を仕事の種類によって分ければいいのです。創造的な仕事か、そうではない仕事かによってです。

創造的な仕事でない場合、特に繰り返しの作業である場合は、次の3つに注意します。

❶その仕事が必要であることを示す

❷その仕事自体は退屈なものであることを通達する

❸仕事の仕方は任せる

社会的な意義や目的を十分に共有、理解させたうえで、仕事の仕方までは管理せず、自律性を持たせることがポイントです。

一方、創造的な仕事である場合、金銭的な報酬をチラつかせる動機付けは逆効果を招くことがあります。したがって、次のように進めます。

❶まずは公平な賃金を保証する

❷自律性があり、仕事を行うことで熟達でき、目的意識を十分に育ませる

❸そして、何よりも仕事がしやすい環境を整える

報酬に対しては、これができたら、これだけの報酬を上げるという交換条件つきの報酬を避けます。そのかわり、予期しない、条件のつかない思いがけない報酬を検討してみましょう。

例えば、賞品や金銭よりも、賞賛やフィードバックを多用する。相手をコントロールしようとするのではなく、相手に役立つ情報を提供するなどです。

組織のふんころがし

次のような議論をしたことがあります。

「今の時代、どこで仕事をしてもいいのではないか?」
「会社に行く理由って何だろう?」

確かに会社にいなければできない仕事はありますが、逆に会社にいなくてもできる仕事も沢山あります。

それでも多くの企業は、柔軟な勤務体系をまだまだ模索しているところです。きっと、理由の一つに、組織の評価システムに課題が残るからでしょう。

例えば、会社にいなければできない仕事は、在社時間が貢献度につながります。一方で、会社にいなくてもできる仕事は、在籍時間と貢献度の関連性は薄れてきます。だからといって、管理者から見えないところにいると、過程が見えず評価することが難しいという企業の課題が残ります。結果を重視するといっても、なかなか難しいところです。

コロナによって、多くの企業が「テレワーク」を余儀なくされました。特に会社にいなくてもできる仕事は、「テレワーク」にシフトしています。企業や業界、組織の規模にもよりますが、積極的に取り入れることができる企業と、中々難しいと感じる企業があります。この違いは何でしょうか?

仮に、この答えを冒頭に書いたように評価システムのせいだとします。しかし評価に至っては組織の大小にかかわらず、個人に対して行われる行為です。したがって、人数の大小については、考える論点ではないことが分かります。

次に組織の大小による仕事の成果について考えてみました。例えば、大きな組織では、規模の経済が働くため、仕事の規模や成果も小さな組織に比べ大きくなります。その半面、ある程度の規模が出てくると自然と働く人と働かなくなる人が出てきます。

大きな玉を大勢の人で転がしていると、一体誰が力を出していて、誰が力を抜いているのかを見抜くことが難しくなります。でも小さな玉を少人数で転がしていたら、力を抜いたとたんにばれてしまいます。

２：８の法則があります。世の中は正規分布に準ずる活動が観察されるという経験則です。つまり、よく働く2割の人とそれ以外の人です。それ以外の人も2割の人について仕事をする人と、あまり役に立たない人に分かれます。総合すると２：６：２に落ち着きます。

正規分布は、ある一定の規模以上の集団で観察できます。組織の数が増えていけば、法則に従います。数学が詳しい人は大数の法則を考えれば理解できると思います。大きな組織は、「誰の力で玉が転がっているのか？」が分かりにくくなるのでしょう。すると全員が目に見えないところで仕事をされるとますます分からなくなります。こんなネガティブな発想の持ち主が管理者の中にいるかもしれません。

少なくとも、私が経営している組織くらいの規模であれば、個人の成果は明確です。個人が会社に来ようがどこか違う場所で仕事をしようが、成果さえ出してくれれば何の問題もありません。そしてその仕事の成果も明確に個人の力量で左右することが分かりますので、評価もしやすくなります。

創造的な問題解決型の仕事は、場合によっては組織の大きさが障壁になることがあります。意思決定のスピードも、結局は誰も責任を取りません。きっと誰かが解決してくれるだろうと、ふんころがしをしているから生じる現象なのかもしれません。

そんな世界がいやだったら、早く大きな組織を飛び出して、小さな組織に身を置くのもいいかもしれません。それが難しい場合は、今の大きな組織で自ら手を上げ創造的な問題解決型の仕事にコミットさせてもらい、運営するための専任の小さなチームを束ねていくのです。

「自分には関係ない」はやめよう

大手企業に属していて、モチベーションを低下させる人と、持続的にモチベーションを向上させて成長している人には大きな違いがあると思います。

それは、**当事者意識と自らの目標設定**です。

仕事とプライベートを割り切って、プライベートを楽しんでいる社員が多くいます。問題とは思いませんが、経営者からすると少し厄介です。仕事は自ら作るものではなく、与えられてこなすという発想に対してです。当事者意識がなければ、金銭感覚もおかしくなります。会社のお金だから、無駄とも悪いとも思わなくなるでしょう。やはり問題ですね。

もうひとつの違いは、目標設定をして自ら考えて行動することです。これがないと、「そもそも何のために働いているのか?」「なぜその仕事をしているのか?」「どうしてその会社なのか?」という問いに、おそらく答えられないでしょう。

なんとなく惰性で仕事をする。優秀な社員はそれでも成果を上げることができるでしょうが、なんとなくつまらないと感じたり、覇気がなくなったり、そして悩んでしまうのではないでしょうか。

たとえ希望した仕事ではなくとも、個人の目標が明確であれば、今行っている仕事を自身の目標につなげて意義を見出します。実は、無意味と思っていた仕事が有意義なものに見えてくることもあります。すると成果を上げようと何らかのドライブがかかり始めます。


厄介なのは目標があいまいで、ただ自分を主張するだけの人です。やりたい仕事ではないから、仕事に対しての取り組みが甘くなります。仕事は個人で行うのではなく、2人以上のチームで行います。したがって、何らかの影響がチームに出ます。結果、いい方向には進みません。


もし、本当に自分がしたい仕事があれば、まずは成果を出すことが先です。組織で働いているのであれば、自分が希望しない仕事を振られるのもよくあることでしょう。その人よりももっと優秀な人がその仕事を行っているからです。

「だったらどうするか？」

まずは、本気で取り組んでどんな仕事でも成果を出し続けることです。

そもそも初めは仕事なんか選択できないでしょう。経験もないし、スキルもないからです。だから、与えられた仕事は馬鹿にしないでコツコツ取り組みます。そして成果を出し続けていけば、必ず組織の誰かがそれを見ているため、そのときに自分のしたい仕事を主張すれば、聞いてもらえる可能性はぐんと高まります。

もし、そこまで結果を出しても組織が話を聞いてくれないのであれば、そのときはほかの組織に移ればいいでしょう。継続的な成果を出していれば、転職するときにその成果を買ってくれる経営者は必ず存在します。

主体的に動かなければ、結果的に個人にもマイナスの影響を与えることになるでしょう。頭を使って考えなくなるからです。大きな会社であれば、そうはいっても仕事をこなして生活するくらいの給料をもらうことはできるでしょう。それが月に30万円か40万円かは別として、その組織に属している限り、影響は少ないかもしれません。

しかし安定し続ける組織は存在しません。何かの影響でその組織を出なければならなくなったら、他の組織は誰も相手にしてくれないでしょう。自ら考えない人をわざわざ雇用する意味はないからです。

ある程度の経験が備われば、自分で仕事をはじめればいいと思うかもしれません。しかし、急に自分ひとりだけで月に30～40万円を稼ぐことはきわめて難しいことです。簡単にできることではありません。

個人の目標はあるけれど、今の仕事がその目標につながらない。

そう考えるのではなく、その目標に今の仕事をつなげて考えるといいのです。今の仕事でも成果を出しながら、同時に個人の目標に近づくための学習と行動を継続するのです。このような人は、何らかのチャンスが来たときに、自分で手を挙げて、そのチャンスに乗っかることができます。

一方、自分の理想ばかりで、学習も行動もしない人には、チャンスは来ません。仮にチャンスが来ても、そのことの存在を理解することもできないのです。もし、そのチャンスが見えても、これまで学習や行動をしていないから自信がなくて手をあげることもできません。

普段から主体性を持ち、自分で目標を設定して動く。

与えられた仕事でも本気で取り組んで成果を出し、自分の目標に結びつける。

すると結構、世の中チャンスだらけだと思うようになるでしょう。

長いものに巻かれない

多くの人は長いものに巻かれます。

ホテルに連泊すると、タオルの再利用を呼びかける案内をよく目にします。タオルの再利用は、毎日新しいタオルに交換しないで、自分の使ったタオルを次の日も使うことでエコ活動に協力することです。この活動はホテルとしてもタオルの交換コスト、つまりクリーニングコストを削減することができます。

人の心理を活用することで、タオルの再利用を促進することができます。

カリフォルニア大学ロサンゼルス校のノア・J・ゴールドスタイン氏は、このことを検証しました。

彼の調べによると、タオルの再利用に関してお客さんにお願いするとき、「**大半のお客様がタオルの再利用をなさっています**」とお伝えするよりも、「**このお部屋をご利用になったお客様のほとんどがタオルの再利用をなさっています**」と伝えたほうが、再利用の協力をされる顧客が増加することが検証されています。

このような効果は**同調効果**と呼ばれます。人は長いものに巻かれるのです。

この同調効果ですが、常にプラスに働くとは限りません。

例えばある国立公園で、「公園を訪れた人の多くが、木の化石をこっそり持ち帰ってしまいました、だから持ち帰らないでください……」と実態を嘆く文章を添えて訴えかけました。しかし、「記念品として持ち帰らないでください！」と直接訴えるよりも前者のほうが盗難を減らす効果がはるかに低かったのです。これは同調効果がネガティブな方向に働いたからです。

近年、ニュースで自殺者の実態が発表されるようになりました。コロナ禍の3年間、感染症の恐怖とコミュニケーションの阻害が私たちに孤独とストレスを与え続けました。そのような中、２０２２年の自殺者は2万１８８１人で、男性は13年ぶりに増加したといいます。このような発表が行われると、これが同調効果としてネガティブに働かないことを祈ります。

人は、自分と似ている人と同じ行動をとりたがる傾向があるのです。このことをうまく活用することによって、集団での行動を有利にすることができます。もちろん、諸刃の剣の部分があるので、活用するときは十分にその効果を検証する必要があると思います。

「大は小を兼ねる」が変わる

企業規模を従業員数などで表現する習慣はどのくらい前からあるのでしょうか。ＩＴＣの発達や全く新しいビジネスモデルの出現によって、「企業規模が大きいからいい企業だ」という発想は、場合によっては無意味になりつつあります。

コミュニケーション技術が発達していなかったころは、現地に人がいなければビジネスの商談自体が成立しませんでした。そのため、全国規模でビジネスを展開する場合は、やはり各都道府県や主要な地域に人を配置する必要がありました。

現在、全ての業種とはいえませんが、現地に人を置く必要が薄れています。もっといえば、物理的なオフィスがなくても、Web上で情報を共有でき、さらにコミュニケーションがとれます。ハードに囚われないでもビジネスができる環境が整っているからです。

ＩＴＣの発達。これにもレベルがありました。今のように、クラウドに全てを共有できる仕組みは、昔は大企業の専売特許でした。多大な投資が必要だったからです。しかし今はオープンソースやアプリが充実しクラウドやプラットフォームを使ったビジネスモデルのおかげで、そのようなリソースを非常に安価なコストで利用できるようになりました。

こうなると時間の概念も異なってきます。私の周りには、企業の経営に関係する方が多くいます。彼らの仕事のスタイルは、常にプロジェクトベースで複数の案件を抱えています。資料は、各自のＰＣの中からクラウドへ。打ち合わせ時間も、各チームが物理的に集まることもあれば、サイバースペースを利用して、ネットにつなげての打ち合わせもあります。

コロナ以降、この変化は急激に加速しています。まだこの変化を体験せずに、古いルールで仕事をしている方が多いかもしれません。結果、何かをはじめるためには大きな資本が必要だと思い二の足を踏んだり、はじめから完璧な成果を求めたりなど、慎重すぎる行動につながるのです。

しかし、全てをそろえてからパーフェクトにはじめないでも、場合によっては流動的に、変動的にプロジェクトを組成して、小さく仕組みを作っていきながら大きくすることも可能な世の中です。

旧来の枠組みにとらわれている中小企業のコンサルは、補助金ありきです。新しい取り組みをするために資金は必要という呪縛に囚われています。しかし補助金に頼りすぎることで、初年度は順風満帆であっても、２年目からは補助金がなくなり急激な資金ショートに陥ってしまうのです。もともと、ビジネスの規模よりも大きすぎる投資をしたせいで、すぐにそのツケが回ってきて挽回できなくなるのです。

固定費ありきの考え方は、今の時代そうフィットしないでしょう。状況の変化に柔軟に応じる変動費の考え方を身につけることも必要だと思います。

小さくても力を持てる時代へ

個人でも、世界に大きな影響を与える人がたくさんいます。彼ら彼女らの業績や影響力は直近から今後の世界や歴史、文化、科学、社会に大きな変化をもたらすでしょう。

いくつか例をご紹介します。

マハトマ・ガンディー。非暴力抵抗運動を展開して、インドの独立運動の指揮者になりました。ガンディーの哲学と行動は世界中に影響を与えます。そして、平和の道を示しました。

ネルソン・マンデラ。アパルトヘイト撤廃運動の指導者です。南アフリカ共和国の初代黒人大統領としても知られ、彼の闘争と和解への姿勢は、人種差別撤廃のための闘争において広範囲に影響を及ぼしました。

マーティン・ルーサー・キング・ジュニア。アメリカ合衆国の公民権運動の指導者です。人種差別撤廃と社会正義のために闘いました。彼の非暴力的な闘争と演説は、社会の変革を促しました。

スティーブン・ホーキング。理論物理学者で、特にブラックホールや宇宙の起源に関する研究で知られます。彼の科学的業績と普及活動は、宇宙物理学と科学コミュニケーションにおいて大きな影響を与えました。

スティーブ・ジョブズ。アップルの共同創業者で、革新的な技術製品を開発しました。彼の起業家精神とデザイン哲学は、情報技術産業に大きな影響を与え、現在のデジタル文化を形成しました。

マララ・ユスフザイ。パキスタンの教育活動家で、少女の教育権利を訴えたことで知られています。彼女の勇気と決意は、世界的な注目を浴び、女性の教育促進に寄与しています。

アンゲラ・メルケル。ドイツの政治家で、ドイツ連邦共和国の初の女性首相です。彼女の指導力と危機管理能力は、欧州および国際政治の部隊で高く評価されました。

ジャック・マー。中国の実業家で、アリババグループの創設者です。彼の起業家精神と電子商取引の促進は、中国の経済成長とグローバルビジネス環境に大きな影響を与えました。

イーロン・マスク。電気自動車のテスラや宇宙開発のスペースXなど、多数の企業を創設して、電気自動車、宇宙開発分野、再生可能エネルギー推進など、技術革新とビジョンの持ち主として知られます。彼の起業家精神と未来志向の発想は、多くの人々に影響を与え、新たな産業やテクノロジーの進化を促しています。

現状に対して疑問を持ち、何らかの形を活用して言語化、視覚化する。そして、現状の生々しい不都合な状況を受け入れ、自分のこととして課題を持ち、解決策を示し行動する。近年は、ここにＩＴの技術やネットワーク効果が重なり、影響力がマルチプル（複合的）に伝達するようになりました。

しかし昔も今も、世の中の出来事も自分ごととして捉え、その課題の発見と解決策の提示、そして実際にそれに向けて行動を続けることで、小さくても力を持てる時代になったのです。

ブレークする瞬間

- 人と対話を通じてブレークする瞬間
- アイデアが湧き出てくる感覚を覚える瞬間
- ざっくばらんとブレストしている瞬間
- 悩み相談を受けモヤモヤをスッキリさせる瞬間

これらの瞬間、私は決まって共通の態度を取っていることが多いです。

その態度とは、**「アイデアの質よりもまずは量を出す」「基本を大切にする」「互いがアイデアを受け入れ否定しない」「極端に偏らない」**そして**「楽しむ」**ことです。そもそも態度とは、物事に対して感じること、考えたことが、言葉や表情や動作に現れたものです。

逆に上記のような態度が崩れると、とっても発言したくない雰囲気になります。これにより頭は不活性な状態になってしまいます。議論するときやアイデアを出すとき、解決策の糸口を探すときなど、集団の態度が悪ければ、出るものも出なくなります。

●アイデアの質よりもまずは量を出す

質も大切ですが、はじめはどんなに小さいことでも、とにかく沢山の量を出すようにします。人は言葉によって思考します。考えている人にとっては当たり前のことでも、他者にとってはとても重要なヒントになることが多々あります。まずは沢山のアイデアを出し、その後に質を上げるといいのです。

●基本を大切にする

議論する場合、基本的な事項を徹底的に確認することは大切です。ブレストやコンサルを行うとき、クライアントのビジネスについて徹底的にヒアリングします。その内容は、売上規模や利益構造から社員の特徴、置かれている環境や競合環境などなどです。

それぞれの事項は基本すぎて、普段クライアントが意識していないことがほとんどです。しかし、これらの事項を整理するなかでモレがあったりダブりがあったりして、そもそも考えられていない、あるいは非常に非効率になっている部分が多々出てきます。このことをベースに新しいアイデアや別の切り口が多数出てくるようになるのです。

●互いがアイデアを受け入れ否定しない

自由な発想を求めるなら自由な雰囲気を作る必要があります。そのためにとても有効な態度です。人はそもそも違うため、互いが全く同じ発想をすることなどあり得ません。同じ言葉や概念を与えたとき、その人の置かれている環境やこれまでの経験や学習度合い、今興味があることなど、さまざまな要因が絡んで発想が生まれます。

したがって、自分と考えが違うからといっていちいち反論するよりは、まずはさまざまな意見や考えを受け入れて、とにかく否定しないことが大切です。人は否定されると、発言したり考えたりすることを諦めてしまいます。受け入れることで、このこともなくなり、結果的に議論が活性化します。

●極端に偏らない

案外、人は絶対的なポジションを持ちにくく、周りに左右される傾向があります。例えば、会議中に誰かがポジティブな発言をしたとき、場の雰囲気が良くなり、多くの人も同様にプラスの発言をするような場合があります。

逆に、はじめの発言がネガティブからスタートすると、会議の場自体が否定的になる傾向が強いです。自分が「こうだ！」と思っても、周りが違う発言をすると萎縮してしまいます。したがって、ポジティブな面があれば、ネガティブな面を引き出すなど、常に両極のアイデアや考えを意識することが大切です。

●楽しむ

楽しい環境にあれば脳が活性化し、どんどん新しい発想やアイデアが飛び交うでしょう。一方、つまらないと感じれば、脳が言うことを聞きません。そもそもつまらない話し合いなんてしたくないですよね。

せっかく人が集まっているのであれば、個々人の脳が最大限発揮できるように参加者の態度に注意を払うことがポイントです。

三人よれば文殊の知恵

文殊とは、知恵を司る仏で文殊菩薩のことを指します。三人よれば文殊の知恵とは、特別に賢い者ではなくとも、三人あつまって相談することで何かいい知恵が浮かぶということです。

坂口安吾の『探偵小説とは』の一節に、「推理小説ぐらい、合作に適したものはないのである。なぜなら、根がパズルであるから、三人よれば文殊の知恵という奴で、一人だと視角が限定されるのを、合作では、それを妨げる。」とあります。なるほど、確かにそうですね。

一方で、天才を集めても平凡な結果しか出ないこともあります。この場合は、船頭多くして船山に登る、です。指図する人が多すぎると統率がとれずに意に反した方向に進んでいくということです。何でもかんでも「力を合わせればＯＫ！」というわけではないのです。

先の一節の続きで、「知恵を持ち寄ってパズルの高層建築を骨組堅く組み上げて行く。十人二十人となっては船頭多くして船山に登る、というおそれになるが、五人ぐらいまでの合作は巧く行くと僕は思う。」と、こちらも確かにそうです。

さて、この違いは何でしょうか。

烏合の衆。つまりただの集まりか、共通のゴールを持ったチームかです。

あるプロジェクトで３社が集い、共同で特許を取り、その技術をベースに市場展開するプロジェクトを進めました。Ａ社、Ｂ社、Ｃ社の３社共通のゴールは、この技術をベースに社会に役立てて、かつ、自分たちも利益を上げることです。しかし、コンサルに入る前は、３社がそれぞれ動いていて、情報の共有がうまくなされていませんでした。

Ａ社とＢ社が知っていてもＣ社が知らない。Ｂ社とＣ社が知っていてもＡ社が知らない。Ｃ

社とA社が知っていてもB社が知らない。なんだかじゃんけんのような関係で3社が共有しないまま仕事が進んでいるようで、実際は停滞していました。

そこで行ったことは、3社を集めて共通のゴールを設定することです。3社の役割を明確にして、互いが行うことを共有しました。それからプロジェクト期間中は定期的に情報共有の会議と次のアクションを決定する会議を開催しました。

たったこれだけのことですが、文殊の知恵が出てプロジェクトが円滑に進みはじめました。共通のゴールを設定し、達成を促す旗振り役をつける。文殊の知恵になるか、船山にのぼるか。ちょっとしたキッカケですが、やるかやらないかで大きな違いが出てきます。

努力することなく皆がハッピーになる時代ではない

近江商人の言葉に「三方良し」があります。好きな言葉のひとつです。企業だけでもなく、企業と顧客だけでもない。企業と顧客と地域がハッピーになる姿です。三者がWin-Win-Winです。これを国家と企業と個人として捉えると、構図が異なっています。国と企業と個人の

Win-Win-Win は過去のものになっています。

かつての日本は、国と企業と個人が Win-Win-Win でした。しかしバブル崩壊後、国は傾きはじめます。危機を感じて行動し続けた企業は国との共倒れを避けるため企業努力を行いました。景気が悪いと感じている生活が基本でしょうが、数字で見る限り、企業の業績はここ10年程度伸びています。あくまで大きな企業の数字ですが。

その理由は、企業のスリム化やＤＸの導入です。企業がこの行為を行えば、全ての個人がハッピーを享受することがなくなります。したがって、企業と個人の Win-Win の関係が崩壊し、Win-Lose。**の関係が構築されます。つまり、このまま企業が努力を続けるたびに、国家と個人は Lose するという乱暴な考え方も間違いではないのです。**

「否定的なことを書いているな?」と思う方がいるかもしれません。しかし、一方で個人や企業で努力を行なっている人や組織は生き残り、引き続き Win-Win-Win の関係を構築できています。**今までのように、努力することなく皆がハッピーになる時代ではないのです。考えぬいて投資した人や努力を行った組織に対してはリターンが返ってくるという当たり前の社会にシ**

フトしただけなのです。

皆がハッピーになるためには皆が考えて行動をしなければならない。さもなければWin-Winは崩れてしまいます。当たり前のことですが、昔の当たり前ではないルールが定説になってしまったので、理解されにくい状況なのです。

状況が変われば方法を変えなければいけません。体力が有り余る20代のピッチャーは、とにかく体力を駆使して豪速球で勝負するでしょう。30代になり体力が衰えてきたら、直球に加えてコントロールやスピードの強弱を駆使して勝負を挑むでしょう。40代になれば主役から退き、チームをサポートすることで組織を勝利に導きます。

世阿弥は風姿花伝の中で「まことの花」について整理しています。人の能力を花に捉えて、ほんのひと時だけ「まことの花」が咲くと。若いときの花は、若さ故の見た目の美しさで「時分の花」です。そのために20代は謙虚に、真面目に取り組み、もがき苦しみながら努力を続けることが寛容だといいます。

30代後半は経験と知識が重なり出し、人生の勝負をかけるときがきます。そこで本気で取り組み「まことの花」を咲かせてみせる。30代の私は、世阿弥を意識したことはなかったですが、20代後半から学習と行動を続けてきました。20代後半は失敗することの連続でしたが、腐ることなく、そこからのフィードバックを学びに信念をもって学習と行動を続けました。

不思議なことに30代後半頃から、これまでの取り組みや人脈が思わぬところで重なり、プロジェクトが前進したり、成果を上げたりする経験が増えてきました。過去の取り組みが複利の効果で効きはじめているのです。

現在私は40代半ばです。年齢と共に体力や知力は衰えはじめると思います。自分が最前線で活躍するのではなく、若い人のフォローやほかの資源を組み合わせて、周りを支援する立場になっています。自分のことを理解しながら自分にふさわしい花を咲かせる感覚です。50代は未知ですが、今の取り組みが50代半ば頃にそのときの「まことの花」になるのでしょう。

チャールズ・ダーウィンが言っているように、「強い種族が生き残るのではなく、変化し続ける種族が生き残る」のです。

個人も、組織も変化を捉えて絶えず柔軟に対応していくことが大切なのです。

ソロモンの教え

旧約聖書の箴言《しんげん》に古代イスラエルの王、ソロモンの格言があります。その冒頭に、「智慧と規律を身につけるため、見識の高い言葉を理解する力をつけるため、規律ある堅実な人生を手に入れるため、正しいことを公正かつ公平に行うため」と本の目的が冒頭に書かれてあります。

この言葉は身にしみます。ビジネスは知恵を使い長期的な利益を獲得するための戦略を立てて行動します。顧客満足や従業員満足、社会貢献やミッションの追求、全てを実現するためには安定的に長期的に利益を上げ続けることが大切です。

このために、「社会の変化が次のビジネスにどのような変化をもたらすのか?」「その変化によってどのようなビジネスのトレンドになるのか?」市場やビジネスを行っている環境を理解する力が必要です。経営の源泉である資金や人材は規律を持って運用する、活用することが大切です。そのためには、ソロモンの言葉のように規律が必要です。

顧客、社員、取引先、パートナー。全てのステークホルダーに対して正しいことを公正かつ公平に行う。長期的な組織の反映に欠かせない姿勢ということです。**公正と公平。これは人によって捉え方が大きく異なります**。その捉え方の根源になるのは企業のミッションやビジョンでしょう。組織で何かを議論していて、根本が詰まったら、この会社がなぜ存在するのかに戻ると視野が広がるでしょう。「この会社は将来どうなりたいのか？」と、経営者や会議のオーナーは常にこのことを社員や参加者に語りかけることが必要です。

個人で今の目標達成に迷いが生じたり、行動が鈍化したりしたら、そのときは個人の目的を再度意識して整理しましょう。自分にとっての堅実な人生とは何か、時間をかけて考えるのも大切なことです。

第10章 好奇心

「「なにか謎があって、その謎を調べないと気がすまないという気持ち。この好奇心を持ち続けている限り、人間は生き甲斐を感じるのではないか。」

（手塚治虫）

人から言われて育った人間は、自分で問を立てません。一方、問を立てる人間は、問の答えを探し考え続けます。1つの問いが明らかになれば、再び複数の深掘りされた問が生まれ、止むことなく考え続けます。この源泉である好奇心と知識について整理しました。

- 社員一人ひとりの知識や経験、ノウハウを組織内で共有活用する
- アイデアが富を生む
- 好奇心を育む
- 自分の意志で取り組む学習に切り替える
- 情報を発信し続ける
- 魂を大切にする

知識って何だろう

「知識は新たな世界経済を形成する主な資源で、この生産性が経済活動の要になるだろう。また、知識は企業の最も大事な生産資源である。」

ピーター・ドラッカーの言葉です。

ナレッジマネジメントという言葉が企業で浸透しているのは、知識の重要性が認知されたからです。特に、欧米ではナレッジマネジメントによって大きな成果を上げている企業も多く、全社的な取り組みとなっています。中には、CKO（最高知識責任者：Chief Knowledge Officer）を副社長や上級役員が兼任し、明確にナレッジの共有・創造の監視を行う企業もあるほどです。

CKOに類似する役割にCIO（最高情報責任者：Chief Information Officer）があります。どちらとも企業にある情報やシステムに責任を担う役職です。CIOは、社内の基幹システムや情報管理、各部門で活用する情報システムなどを企業全体で管轄する役割です。情報技術とともに、戦略に紐づくITロードマップの整理や実行を担います。CKOは社員1人1人が有する知識や経験、ノウハウを組織内で共有しつつ、企業価値向上を目指します。これらをナレッジとして組織にとって有益な知識を管理・活用するのです。

知識が注目される前、リエンジニアリングが注目されました。しかし、無駄を省くということに注力したリエンジニアリングは企業を急成長へと導くことはありません。対極に、知識を創出してイノベーションを起こした企業は、競争優位を保ち成長を続けています。

イノベーションを沸き起こす原動力である知識は、前向きな側面を持つのです。これは企業のみならず、個人にも当てはまります。

「社員一人ひとりの知識を的確に捉え、蓄え、有効活用できるような企業が21世紀に成功する。知識は我々の通貨である。」

このような表現を残したのは、ＨＰの元社長であるルイス・Ｅ・プラット氏です。

「わが社は中小企業だから社員に大した人材はいない」と考えないで、個の知識を終結して有効活用しましょう。「自分は対したノウハウは持っていないから、そんなことを言われても……」と言わないで、自分が保有するナレッジを整理してみましょう。
きっと、プラスの側面が整理されることでしょう。

企業にとっての個の知は、社員のほかに顧客、サプライヤーの知も取り込むことができます。「企業に流れる知識を通貨と捉え、その通貨を蓄え有効活用することによってイノベーションを起こす原動力をつけることができないか?」

このように考え方を転換したほうがよさそうです。

アイデアが富を生む

アイデアはコストを必要とせず、無限です。アイデアがアイデアを生み、そして富をも生み出します。このことを特許制度の生みの親であるトーマス・ジェファーソンは「ロウソク」に例えて表現しています。

「まるで僕のロウソクから火をもらった者が、僕のロウソクの火を暗くすることなく明かりを受け継ぐように」と。

アイデアは究極の商品です。素晴らしいアイデアは自然と遠くに拡散されます。不要なアイデアは自然と淘汰され活用されることはありません。アイデアの伝達とは、そういう意味では安価です。アイデアの素晴らしいところは、アイデアに触れた人が皆その富を享受できることでしょう。

しかし、実際のところこのアイデアの伝達は特許や権利として抑えられています。アイデアの伝達を意図的に抑えることによって、アイデアの不足を生み出せるからです。この状態はある企業にとっては優位な立場になり、残りの多くにとって不協和な状況に陥ります。企業機密、特許、権利。まさに知的財産そのものです。

ビジネスとは、自然に広がるアイデアの動きを強制的に妨げ、そこに不協和を生み出し、そしてそのアイデアを生み出した本人が富を得るようにしていることかもしれません。アイデアを生み出した人にその権利があると主張すると、この考え方は極自然なものです。

アイデアは何らかの方法で視覚化しなければ、他者に理解されません。他者が理解できないアイデアは価値を生みにくいでしょう。

しかし、最後には特許も切れるので、長い目で見ると、やはりアイデアは自然に伝達して、伝達した全てに一様に富を生み出します。

好奇心が生む格差

インターネットの発明によって、誰もが自由に情報にアクセスできるようになり、知識や情報の民主化がはじまったといわれます。しかし情報の民主化はインターネットがはじまりではなく、昔からすでにはじまっていました。それは文字の発明であり、印刷の発明です。

国内において書籍の普及は奈良時代（710年から794年）以降で、当時中国から文化の伝来により漢字文化が根付き、書物や経典が広がりました。当時の書物は貴重品で、書物の複製や普及は平安時代（794年から1185年）からです。平安時代の後期は貴族や僧侶たちによる書写文化が盛んに行われ、多くの書物が作られました。

近代的な書籍の普及は江戸時代（1603年から1869年）の出版文化の発展によります。江戸時代は木版印刷技術や活版印刷技術が進歩し、書籍の大量生産が可能になりました。庶民が娯楽を含め情報を自由に見られるようになったのはこのころからでしょう。ただ当時の1年で得られる平均的な文字情報は、現在の新聞紙面1ページから2ページ分程度といわれたぐらい、物量が圧倒的に少なかったのです。

現在は、膨大な文字情報がアナログ以外にWeb情報などデジタルでも氾濫するようになっています。国内では年間に十数万から数十万程度の書籍や専門書、雑誌などが出版され、新聞やネット記事などにも情報が溢れているのです。

それにもかかわらず、情報格差は続いていますよね。不思議だと思いませんか?

私は知識の格差は好奇心によるものだと思います。好奇心は一般的に年齢が若いときに高く、徐々に減少していき、再度高齢者になるに連れて高まる傾向があることで知られています。ただ、日本人の若者に限ってみると好奇心が高い人の母数が低いようです。

教育社会学者の舞田敏彦教授がOECD国際成人力調査のデータを独自分析された結果があります。各国の20歳から65歳の大人に、「新しいことを学ぶのは好きですか?」という共通の質問を行い分析した調査です。

たとえば日本とスウェーデンを比較したとき、若年層の知的好奇心は高く、年齢と反比例して好奇心が減少する様子が分析されました。しかし、衝撃的な事実は日本人の20歳の好奇心のレベルがスウェーデンの65歳のそれと同じだったということです。肌感覚、若者や特にZ世代のやる気のなさを感じている読者も多いと思いますが、好奇心の格差が影響しているのではないでしょうか。

星新一のショートショート集、『盗賊会社』の中の一編、「あるエリートたち」に、新しいゲームを開発するために選抜されたエリート社員の話があります。エリートを気候の良い重役用の保養施設に閉じ込め、仕事をさせずに暇な時間を与えます。あまりにも暇を持て余すエリートたちは何やら遊びを考え始め、気が付くと時間を忘れてゲーム作りに没頭します。会社の狙いはまさにゲーム開発をエリートにさせることだったのでした。

人から言われて育ってきた人間は、自分で問いを立てません。**言われたことを、指示された範囲内で取り組むからです**。余計な情報になんてアクセスしません。

一方、問いを立てる人間は、問いの答えを媒体関係なく探し、自分で考え続けます。1つの問いが明らかになれば、再び複数の深掘りされた問いが生まれます。問いは止むことなく考え続けるのです。

子どもの頃、暗くなるまで近所の山で遊びました。あるときは、大きな穴をひたすら掘り続け、どれだけの深さを掘れるかを楽しんでいました。穴を掘り続けていた期間は、建設現場を観察し、どうやったら楽に効率的に穴を掘れるか観察し、そしてそこで考えたアイデアを試すのです。

意味もなく遊び、没頭する中で、自然の原理を理解して、それらを調べ、先人がさまざまな方法で体系化している概念があることを知ります。それらを活用して役立たせることも、全く役に立たないこともあるのだと理解します。そうやって、興味を持ち、実際に行動をしながら知識を知恵に変換するのでしょう。昔は遊ぶものがなかったので、必死になって考えたのかもしれませんね。

若者やZ世代がかわいそうなのは、すでに満たされていると勘違いしていることにあるかもしれません。インターネットの中の情報は2次情報です。実際の現実社会で行動することで世界が広がり、視点が変わります。格差社会が現在の構造的な欠陥だと他人のせいにせず、自分で問いを立て、楽しみながら答えを探す。それが出来ればどのような世界にいても重宝される人材になれるのです。

学習と勉強

今の世の中は、昔と違って明らかに変化のスピードが早くなっています。過去に行ったことや過去の経験が全く役に立たなくなることもあります。仕事において求められることは正解を探すことではなく、立てた仮説を検証しながら実行し、長期的な利益を出し続けることです。

大学を出て会社に勤めた頃、上司から言われた仕事をこなすことで精一杯でした。仕事の内容も、与えられる研究テーマも、何もかも提供されるのです。自分で決めるのではなく、人から言われたことをインプットしてアウトプットすることの繰り返しです。

小さい頃から学校と名のつく場でも勉強が中心でした。自分の好奇心や興味と関係なく、人から言われたことをベースに進める勉強のため、考えることよりも記憶を試されるような問題ばかりでした。クラスに40人いたら、40通りの考えがあるのが自然なのに、正解は常に一つ。

全てをマルかバツかで判断されていたように思います。

一方、遊びの世界は違います。私は3人兄弟の末っ子で、いつも遊ぶときは兄たちの子分です。兄の友人からは、自然と「おまけ」と呼ばれていました。いつも、ちょろちょろと、どっちかの兄にくっついていたからです。山に行ったり、川に行ったり、海で遊んだり。

テーマは皆で考え、それぞれで遊び方を工夫します。自然が相手なので想定できないことが沢山起きました。そんなときも皆で「ああでもない、こうでもない」と頭をひねりながら議論していました。そして、さまざまなアイデアを試しながら、ベストだと思う考えを抽出しては試してみるのです。

遊びの世界は常に学習だったと思います。全てを自分の興味の中から、しかも自発的に考え行動するのです。誰かに指示を受けて遊んでいたわけでもないので、夕方になり夜になっても帰ることを忘れるほど夢中でした。学習のモチベーションは勉強と違い、永続します。

会社に勤めて3年目。研究職から企画職に異動しました。異動希望を出してから足掛け2年。

マーケティング部隊に移ります。このときの仕事は、テーマや課題はありましたが、加えて自分でもテーマを設定していました。どちらのテーマも同様に興味深かったので時間も忘れて無心で取り組んでいました。このときも学習していたと思います。そして会社を創ってから現在も同様です。勉強はほとんどしていませんが、常に学習しています。

ワークショップ中に思います。参加者の誰よりも自分の学びが多いのではないかと。参加者と真剣な議論を繰り返しながら、皆に考えていただく一方、自分の頭の中もフル回転。さまざまな事柄が毎回整理される感覚を覚えます。

からからの喉を水で潤すように、脳のシワというシワに知識や知恵が浸透する感覚です。きっと常に自分のテーマに全てを結びつけて考えているから、どんなことでも吸収しようと必死なのです。私は思います。どうせ取り組むなら他人から言われて取り組む勉強をやめて、自分の意志で取り組む学習に切り替えようと。こんなに楽しいことはないですからね。

学習するほど物事の全体像が把握できる

アメリカの心理学者が知識と記憶の関係を研究しています。その結論は、「**人は知識があるほど学びやすい**」です。心理学者いわく、「事前に対象とする分野についてどれだけ精通しているか、どれだけ知識を持っているかによって、人の記憶力や理解力が高まる」

当たり前のように聞こえますが、納得です。

知識がある人のほうが理解力は高いでしょうから、結果的に物事の全体像が把握でき、ますます学びが深くなるのです。確かに、その分野に精通していることで、既存の知識が理解を促進させるのでしょう。何もないところから理解し、覚える必要がない分、学習効率はぐんと高まります。

さらに、知識がある人は、ある程度その分野のことを整理できている強みがあります。整理出来ていれば、新しく学んだ概念や理論は、「どの部分を補完するのか？」など、より理解しやすくなるのです。結果、やはり学習が促進されます。

なんかすごいことに聞こえますが、これって誰でも出来ることですよね。はじめは全く知らないことでも、興味を持って学習することで、徐々にベースが構築されます。後は継続していくことによって、理解と記憶が「複利のちから」で伸びていくのです。

しかし多くの人が、伸びる手前で学習をやめてしまいます。もう少し続けたら、急に伸びるのに、という手前でやめてしまうのです。諦めないで継続的にコツコツ続ける人が必ず結果を出す理由も納得ですね。

学習を続けて、「複利のちから」による理解促進と脳の活性化を手に入れましょう。

最初の2秒を鍛える

テレビ番組の「なんでも鑑定団」の鑑定士が骨董品を鑑定するとき、最初の2秒程度で贋作《がんさく》か本物かが判るそうです。この感覚は何も特別な人たちに限定したことではないでしょう。何か危機的な状況や判断を急がなければならないとき、「なんとなくこっち!」とか、「あっ止まらなきゃ!」とか感じることがあります。

決して自分が知っている情報や知識を全て活用したわけではないのに、なぜか初めの判断が正しい場合や、意識レベルで考えているのではないけれど、何かを感じることがあります。このような結論に達する脳の働きは適応性無意識と呼ばれます。心理学や脳科学のなかでも新しい研究対象分野です。

無意識という言葉は、フロイトの精神分析でいうそれとは別物です。フロイトの無意識は、暗くてぼんやりして意識すると心を乱すような欲求や欲望、記憶や空想を格納する場所としていました。対して、適応性無意識はスーパーコンピューターのようなイメージで、大量のデータを瞬時に処理する機能を指します。この分野の論文では、次のように説明がありました。

たとえば、通りを歩いていてトラックが突っ込んできます。とっさに正しい方向によけることでしょう。そのとき、あらゆる行動を考えながら最も適切な行動を選択するといった判断をする時間はありません。人のDNAには、とっさの状況のときにわずかな情報から素早く適切な判断を下す能力が埋め込まれている、という研究結果があります。過去に厳しい生存競争を勝ち残ってきた形跡でしょう。

この適応性無意識のモードは常に動いているわけではないようです。無意識に、スイッチが入ったり切れたりしているのです。この研究の中で、継続的な学習と興味は、適応性無意識を高めることに因果関係があることを示唆しています。

実際に、強化するための方法や考え方は、もっと研究が進まないと判らないと思います。しかし、「なんでも鑑定団」の鑑定士のように、日頃から骨董のことばかり考えていれば、意識が研ぎすまされるのでしょう。これは我々にだって出来ることですよね。

脳の領域。これまで誰も踏み込んでいない分野でしたが、近年急激に研究が進んでいます。人は再びリンゴをかじりはじめているのでしょう。ワクワクしますね。

調べることと考えること

Googleによって、分からないことはその場ですぐに調べることが容易になりました。昔は分厚い辞書で調べるのが精一杯で、しかも辞書に載っている情報は限られていました。そこで断片的な情報をベースにあれこれと考えたものです。さらに、それでも分からないときは図書館に行っていました。たまたま知っている専門家が近くにいれば直接聞くことも出来ましたが、これは稀なことでした。

Before Googleを考えると、知識がある、物事を記憶していることはすごい価値だったと思います。そもそも知らなければ調べることに時間がかかっていたからです。しかし、今は比較的簡単に調べられます。したがって記憶することの価値は低下したように感じます。一方で、考えるという行動はどうでしょう。**同じことでも考えながら行う人とそうでない人は結果が出るまでのスピードや質まで全てが異なります。**

近年の若手や大学生と話をしていて疑問に思うことがあります。調べることは得意だけど考えないのです。これは脅威です。極端な話、大学生の頃から論文もコピペ。ググって調べてコピー&ペースト。入社して、しばらくは会議に出る度に調べ物をして、上司や先輩の言うことをドキュメントにまとめる。調べる能力は身につくが自分で考えない生活が基本になる。そのうち、調べることと考えることが混同され、調べるけれども自分で考えないようになる。会社人生のはじめの頃に考える習慣がつかないので、中堅社員になった頃には考えるモードがまるっきりゼロ。そのため組織の上の役割として指示する立場になっても何をしていいのか分からないのです。

脅威ですよね。**世の中、答えなんてありません**。今を軸に将来のことを考えるのだから、答えは将来にあります。だとすると、調べたところでそれは過去のことです。将来のことは実際に行動して検証するか、自分の頭からひねり出すしかありません。

考えることと調べること。大きな違いですね。

カンニングはOK

受験環境ではNGですが、人生やビジネスではカンニングOKです。他の企業や競合する企業、代替する企業を模倣することも可能です。尊敬する人を見つけて、その人の考え方や行っていることを真似することも可能です。

しかし猿真似したとて、うまくいかない場合が多いです。というかほとんどの場合、うまくいかないでしょう。考えてみれば当然です。その模倣している企業と真似している企業、模倣している人と自分では、あらゆる面で前提条件が異なります。それなのに、右から左で全てを真似する人も少なくありません。

大切なのは、違いは一朝一夕で身につくことではないということです。その企業や人が置かれている状況や組織の要因など、さまざまなモノが絡みあって形成されているからです。したがって、違いを作るためには、違いを生み出すためのコンセプトが明確で、それぞれのコンセプトを明確に結びつけて組織に提供することが大切です。

ある企業や人の一瞬を真似してもいけない。もし、徹底的に違いを作るのであれば、ある企業や人の一瞬ではなく、その企業や人が行っていることを一つ一つ動画のように再現する必要があります。

ということは、静止画を真似しても仕方がないので、一枚一枚の写真から動画を作ることが重要になってきます。そして、動画を編集する過程において、自分自身の特徴、企業の特性を含ませることで、全く新しい組織、人ができあがるのです。

その瞬間、それは真似ではなく、全く新しい違いが生まれるのです。カンニングはしてもいいけど、猿真似をしてはいけないというのはそういう意味です。このことは「守、破、離」の守破離の概念と同じですね。

発信するから情報が集まる

必要な情報を集めるとき、まずは持っている情報を周囲に知らせます。そして、さらにその情報を集めていることを周知します。この作業を継続します。もちろん自分で努力して情報収集も行います。

周りから収集した情報や自分で集めた情報を、包み隠さず整理して分かりやすい形で公開します。仕事の情報や守秘義務がある情報は別として、自分が整理する目的で集めた情報に関してです。

そうすると、次第にその情報に精通していきます。そして関連する情報が自然と集まるようになります。はじめは全くの無知で、ど素人だったとしても。さまざまな方々や多方面の役割の方から情報を集めることで、誰よりも詳しくなり、良く知っている部類に入ります。断片的な情報でもパズルを組み合わせるような感覚で収集した情報をつなぎ合わせます。この過程で、周囲の人が知らない事実をつかむことだってあります。

毎回、収集した情報を整理するたびに、徐々にその情報が体系化されます。情報を集める立場から、いつしかその情報を求められる立場になり、立場が逆転する瞬間がやってきます。こうなってくると楽しくなります。いつの間にか誰よりもそのことを知っている人になっているのですから。情報化社会になってから、この経験は如実に感じます。

器と魂

事業を通じて、社会をよくする、会社をよくする、周囲をよくする。自分を正す。

多くの人が事業を継続する理由に「利他」があります。その結果、それは己のためだと気がつきます。このような考えは、さまざまな書籍の中にも、人の話にも出てきます。しかし実際取り組んでみて、色々と経験を通して気がつくこともあります。ただ、事業に没頭している人は、きっと誰かのためにやっているという意識すらなく、ひたむきに考え実行し検証し、また試しています。この繰り返しが心地いいから取り組むのでしょう。

継続的に事業を成し遂げていると、他者から秘訣やノウハウを聞かれることが度々あります。あれこれ言語化し、若干脚色を加え、当たり前のことを、もっともらしく話をします。実際は、考えながら行動し、その繰り返しなのですが。
継続する中で何かが見えてきて、それを確かめます。当たるときもあれば、当たらないときもあります。事業は相手あっての商売なので、相手が嫌な気持ちにならないように工夫します。もちろん、ここにビジネスモデルや最新の技術を組み入れ成功の確度を高めることも大切です。ただ、初めの一歩を踏み出し、継続しなければ今はありません。

物事を考える際の思考に、帰納法《きのうほう》と演繹法《えんえきほう》があります。ルールや観察事項、あるいは一般論をベースに、そこに関連する情報を紐づけて、結論を出す思考方法が演繹法です。その際に、**ルールや観察事項が自分の経験や失敗からではなくて、完全に二次情報に頼る人の話はどことなく胡散臭く感じ、発言がペラペラしています**。しかし同じ演繹法でも、ルールや観察事項そのものを自分の行動や経験、失敗や成功から導き出し、帰納的な考えから共通点を見出している場合は、なぜか信憑性が高く頷きます。

昨今、Web情報を集約したうえで一つの考えを整理し、それをわかりやすい言語で提供するサービスが急激に充実し始めました。しかし、Web上のデータベースそのものがコピペで増殖された情報で、誰かが誰かの2次情報をそれとなく書き換えているものがまだまだ多いです。

1次情報から導き出された考えや文章は案外と少なく、あったとしてもその情報の多くが英語で、日本語での情報は悲しいほど乏しいです。ＡＩが導き出す考えや文章は、私たちが綴るそれの１００倍以上読みやすくきれいです。でもしっくりきません。

英語と日本語などの言語の問題であれば、和訳の話になるのですが、訳者によっても日本語の厚みが変わります。内容を理解した人が翻訳する場合と、単に英語から日本語に翻訳する場合の違いです。

このようなことを考えると、**我々が得た原体験は価値があり、それらを正しく人に伝えるための言語化ができる人は一定の価値を生み続ける**と思います。ただ、5年か10年も経てば、そのような情報をテキスト入力に加えて、音声や動画、ときには画像でも一定の入力情報としてデータベースに追加され続ける日がやってくるかもしれません。もしかして、人間の脳そのものがＡＩとリンクされ、その原体験が何らかの方法で機械と自然に同期される日がやってくるかもしれません。そのときは、1次情報と2次情報の違いはなくなり、本当に人類皆兄弟になり、同じ脳やそれに準じる仕組みによって行動するようになるかもしれません。

現時点で、絵画や彫刻などのハードはコピーや模倣が可能です。しかし、その雰囲気はいまだコピーが難しく、微妙に何かが違うのです。おそらく、それはその対象を見た本人が感じる感情的な違和感です。そして、もしその何かが解明され、物理的にコピーできるようになったらハードのコピペも完全に同じものが作られるようになるでしょう。そのときは、ハードである器と何か微妙な感覚を生む源泉である器の魂が同居した状態になるのでしょう。

今は、「誰が言ったか？」「どこで作ったか？」「誰が手を加えたか？」などの人間としてのキャラクターが重要な時代です。同じコンサルティングのアドバイスでも、発言者が異なれば、聞く人も、その人が払う対価も異なります。

ＡＩが人間と親しい関係になり、違いがわからなくなれば、最後は何を言ったかが重要になるのでしょう。その世界は、完全にコピペが可能で、３Ｄプリンターのような機械が大量に同じようなものを作りだします。そこに宿る魂も全く同じ。世界が完全に同質化して、全ての情報が完全に民主化されるのです。

この対極といえる状態が、一人ひとりが個性を大切にして、外乱を起こす今の世の中なのです。自分を信じて、自分が思うがままの行動をはじめましょう。

おわりに

問題解決で最も大切なことは、ありたい姿の特定です。これがなければ、問題の定義ができません。現状とありたい姿のギャップが問題であり、どうしたいのか分からないときは、ギャップもなにも見えていないため、間違いなく悩んでしまうことでしょう。

何気なく人生を歩んでいては、社会の変化や自分へのチャンスの到来にも気がつかないことでしょう。

ぼんやりでも自分の理想を掲げ、そこに向けて行動する人は、そこにつながるチャンスが見えるようになります。しかし、それに向けて準備をしていなければ、チャンスに乗っかることなんてできません。なんとなくでもそれなりに継続的に準備をしている人、トライ&エラーで試行錯誤している人だけが、世の中チャンスだらけだと気がつくのです。

きっとチャンスそのものも我々の脳でつくられた概念なのでしょう。しかし、そのチャンスを自分で創造して、そこに飛び込み、再び歩みはじめることで、行動自体が楽しく、そして理想に近づく自分を感じることができます。特に、「これだ！」と思ったものには、手を挙げて飛びだしましょう。本書に書いたような取り組みを皆さんも行ってきたでしょうから、自信がなくても不安でも、過去の自分がしてきた行動を信じてください。

◎スタート地点が見えなければ、スタートできない。
◎スタートしなければ、始まらない。
◎始めなければゴールに近づかない。

これらは当たり前のことですが、どうしても難しく考えてしまうのでしょうね。

本著は、10年前の自分が書いた内容ではありますが、これまでに自分が実践してきたことです。改めて全体を読み直し、「脳の仕組み」や私の「経験則」を追加しました。それから10年前の自分は、自分の存在を大きく見せる表現が多く感じたので、誇張せず、ありのままの表現に修正しています。

当時は、ありたい姿を実現するために、ガムシャラに突っ走ることが正解だと思っていました。しかし、そこに向けて自分のペースで、たくさんの寄り道をしてもいいのだと気がつきました。結果や成果を残した瞬間だけがハッピーなのではなく、一定の方向を目指しながら行動を続けることそのものを楽しむことで、ずいぶんと楽になり、開放されるようになりました。だけど、継続するとしっかりと結果がついてくるし、無意味に思えた活動や取り組みも後で不思議と絡み合ってくるのです。

実際、何でもかんでも合理的に進めることはできないし、そう都合よく進みません。ただ、3年とか5年、7年の年月が経つと、不思議と全体が統合され結果に結びついてきます。そこに無駄な取り組みはなく、信じて取り組んだ行動は全て自分の肥やしになるのです。

繰り返しになりますが、本著のまとめです。コンサルの思考技術といっても、特別なことはしていません。

- まずは自分がどうしたいのかを整理する
- 今自分が置かれている状況を正しく把握する
- そのギャップをさまざまに観察する
- ギャップが見えたら、今度は紙に書き出して整理する

- そのギャップを埋める方法を考える
- いきなり1つのことを深掘りせずに、さまざまな可能性を考える
- 頭で考えても見えない部分があるので実際に行動する
- うまくいかない部分があっても当たり前と割り切る
- 今度は「なぜうまくいかないのか？」を、再び頭を整理しながら考える

いくら緻密に考えても、実行に行動しなければ結果は出ません。誰もが知っているような当たり前のことです。考えを整理して実行する。それだけです。

今回、著書のリニューアルのチャンスをいただいた、総合法令出版、そして編集を担当していただいた市川純矢さんには大変お世話になりました。この場でお礼を申し上げます。また、いつも拙著新刊を心待ちにしてくれている妻、怜美子と二人の息子、陸と仁にも感謝します。陸と仁、君たちが大人になったころ、是非、この本を読んだ感想を教えてください。

2023年8月吉日　家族が集う自宅のダイニングルームにて

早嶋聡史

参考図書

『アナロジー思考』 細谷功著
『思考の整理学』 外山滋比古著
『急に売れ始めるにはワケがある』 マルコム・グラッドウェル著
『ウェブ進化論』 梅田望夫著
『Management Control Systems』 Merchant / Van Der Stede
『ハイ・コンセプト』 ダニエル・ピンク著
『When 完璧なタイミングを科学する』 ダニエル・ピンク著
『イソップ寓話集』 イソップ著
『不思議の国のアリス』 ルイス・キャロル著
『異業種競争戦略』 内田和成著
『人間性の心理学』 A・H・マズロー
『仕事と人間性』 フレデリック・ハーズバーグ
『「きめ方」の理論』 佐伯胖著
『営業マネジャーの教科書』 長田周三／早嶋聡史著
『影響力の武器―なぜ、人は動かされるのか』 ロバート・B・チャルディーニ著

『人生と仕事について知っておいてほしいこと』　松下幸之助著
『非営利組織の経営』　P・F・ドラッカー
『人生を変える80対20の法則』　リチャード・コッチ著
『新資本論』　大前研一著
『新・経済原論』　大前研一著
『企業参謀』　大前研一著
『価格支配力とマーケティング』　菅野誠二著　他
『道をひらく』　松下幸之助著
『探偵とは』　坂口安吾著
『風姿花伝（花伝書）』　世阿弥
『盗賊会社』　星新一著
『創世記（旧約聖書）』　関根正雄訳
『最強マフィアの仕事術』　マイケル・フランゼーゼ著
『ストーリーとしての競争戦略』　楠木建著
『フリー』　クリス・アンダーソン著
『第1感「最初の2秒」の「なんとなく」が正しい』　マルコム・グラッドウェル著
『セイラー教授の行動経済学入門』　リチャード・セイラー著

早嶋聡史（はやしま・さとし）

株式会社ビズ・ナビ & カンパニー 代表取締役社長
株式会社ビザイン 代表取締役パートナー
一般財団法人日本 M&A アドバイザー協会 理事
Parris daCosta Hayashima K.K. Director & Co-founder
株式会社プラネット・スタジオ　取締役
1977 年長崎県出身。九州工業大学情報工学部機械システム工学科卒業。
オーストラリア・ボンド大学大学院経営学修士課程 (MBA) 修了。
横河電機株式会社において R&D(研究開発部門)、海外マーケティングを経験後、株式会社ビズ・ナビ & カンパニーを設立。戦略立案を軸に事業会社の意思決定支援を行う。
また、成長戦略や出口戦略の手法として中小企業にも M&A が重要になることを見越し、小規模 M&A に特化した株式会社ビザインを設立、パートナーに就任。
M&A の普及とアドバイザーの育成を目的に、一般財団法人日本 M&A アドバイザー協会 (JMAA) を設立し、理事に就任。
その他、時計ブランド「Parris daCosta Hayashima」(パリス・ダコスタ・ハヤシマ) の共同創設者でもある。また、陶芸アニメ「やくならマグカップも」のスピンオフアニメ「ロクローの大ぼうけん」の製作配信事業の取締役を行う。
現在は、成長意欲のある経営者と対話を通じた独自のコンサルティング手法を展開し、事業会社の新規事業の開発と実現を資本政策を活用して支援する。経営者の頭と心のモヤモヤをスッキリさせることを主な生業とする。
主な書著に『売上を伸ばし続けるにはワケがある 営業マネジャーの教科書』『ドラッカーが教える実践マーケティング戦略』『ドラッカーが教える問題解決のセオリー』『頭のモヤモヤをスッキリさせる思考術』(以上、総合法令出版)、『この 1 冊でわかる！M&A 実務のプロセスとポイント』(共著、中央経済社) などがある。

装丁：木村勉
本文デザイン・DTP：横内俊彦
校正：菅波さえ子

大事なことはシンプルに考える
コンサルの思考技術

2023年 9 月20日　初版発行

著　者　早嶋聡史
発行者　野村直克
発行所　総合法令出版株式会社
〒103-0001 東京都中央区日本橋小伝馬町 15-18
EDGE 小伝馬町ビル 9 階
電話　03-5623-5121
印刷・製本　中央精版印刷株式会社

ISBN 978-4-86280-917-9
総合法令出版ホームページ　http://www.horei.com/